「これからはおもしろい」――おもしろ選書 29

図解 旨い！手打ちうどんに挑戦

藤村和夫
有楽町・更科元四代目

ハート出版

図解・旨い！手打ちうどんに挑戦——目次

図解イラスト◆飯塚幸作

●まえがき

近頃は、蕎麦づくりはもてはやされているものの、「うどん」はないがしろにされているような気がします。

そもそも蕎麦の発祥は「うどんのカテ麺」であったはずで、うどんが分からなければ、蕎麦も分からないのではないでしょうか。

「カテ」という言葉は、今は死語のようですが、若い人から見れば大昔の昭和十年代には「日用日本語」でした。「代用食じみた主食」という意味ですが、「代用食」自体も死語でしょう。

お年寄りが昔話をするのは、今に始まったことではなく、江戸時代、今からおよそ二百五十年近く前に、現代でも新聞欄の一つになっている「川柳」を「柄井川柳」という人が創設し、それまでの俳句の「季語」であるとか、難しい規則に縛られない「五・七・五」の短歌をはやらせました。「入会金」を添えて応募させ、その中の優秀な作品を、懸賞付きで一度に八百句ほどづつ本にし、それを年に一、二度出版するといった企画をはじめて大当たりし、『俳風柳多留』という、文化が定着したのです。武家階級から、文字を解する庶民を巻き込んで江戸文化の一つの柱に成長し、現在にも至っている川柳ですが、その中に、

新造に砂の降ったる物語　（柳多留　初・二十）

というのがあります。

この「柳多留」というのは『俳風柳多留』のことで、「初」というのはその「初編」、明和二年といいますから西暦一七六五年のことです。この年の入選作で、「新造」というのは、歳が十六、七の江戸の遊郭「吉原」の「見習い花魁」の事、その若い娘をつかまえて、五十八年も前の話（一七〇七年に富士山が噴火して「宝永山」という噴火口を作り、その時、江戸にまで砂が降った話）をするという意味です。まあ、この老人も歳はおよそ六十五歳以上でしょうが、今の私よりは若いとはいえ、お元気なものです。「川柳」はその時代の文化が背景ですから、時の話題を取り上げた、現代の「タウン紙」といえます。

ところが、現在から五十八年前というと、一九四二年ですから、

昭和十七年、我々から見ればつい先ごろのこととはいえ、第二次世界大戦に日本が加わってから二年目で、そろそろ物も無くなりはじめ、「代用食」が口に上るようになり、小学生五年の悪ガキであった我々は「箱根の山は天下の禁、パン国産も間に合わず」という歌を「お米のヤミは天下の険、函谷関もものならず」という替え歌を歌っている頃でした。「代用食」は全部が「米」でない主食ですが、「カテ飯」は「主食」(といっても、昔の農村は米ばかりは食べられず、麦飯)の中に芋だとか大根を入れて増量した、漢字で書くと「糧飯」で、おなかを一杯にする、「日々の糧(カテ)」という意味です。

その頃は「ギンメシ」にあこがれていたはずなのが、小麦の増量材であった蕎麦ばかりの食品を「生蕎麦」といって珍重するのは、「米はまずいからどけて、芋か大根だけの方が良い」といっているようなものですが、今の流行ですから仕方ありません。

しかし、「蕎麦のルーツであるうどん」を知らずして蕎麦を語るのは、片手落ちです。

まして「うどん」が見捨てられ、ラーメンの方が優勢な時代、もう一度、うどんを見直して下さい。

図解・旨い！手打ちうどんに挑戦

とにかく自分で蕎麦を打つ

もうすたれたかと思ったら、いまだに趣味で「手打ちそば」に挑戦される方が後を絶たないようです。食品関係の雑誌を見ましても、昔でしたら蕎麦が嫌いな関西にまで「手打ちそば教室」ができているようですし、インターネットでも、情報の交換が盛んにおこなわれているように聞いております。

お会いした方のうちには、必ずといってよいほどどなたか手打ちそばに関心を持たれたり、挑戦してみられた方がおられます。そしてそのほとんどの方が異口同音に、「生そばはつながらないんですよネ」と念を押されますが、その度に、「いいえ、楽に長くこしらえられますヨ」とお返事しています。別に、特殊な方法をとらないでも、水だけで「麺棒で伸ばせる」おそばの「ドウ」を作れます。そのために一番必要なものは、「**つながるそば粉**」です。私の従兄弟の手打ち名人も、「つながらない粉じゃ、できないヨ」と申しておりました。

その次に大事なのは「伸ばせるドウの作り方」です。こちらの方

「生そば」……小麦粉が混ぜられず、蕎麦粉だけで打った蕎麦。

「ドウ」……「dough」。粉に水が混ぜられ、こねられたもの。

は、テレビや雑誌によく紹介されていますが、いきなり挑むと、コツをつかむまで無駄な失敗ばかりされているようです。

ある時、知り合いの会社から、「有志に手打ちそばの講習会をやってくれないか」という依頼があり、私としては、そば屋の若旦那から「アレ！　藤村さんも手打ちできるの？」などといわれたこともあるくらいの腕ですが、「伸ばす」のと「切る」のは、いわば毎日やっていれば上手になることで、その前の「伸ばして切れるドウ」の作り方の方でしたらマヅ忘れることはありませんから、「マア、あまり優秀な学生を出来の悪い子の家庭教師にすると、先生の方で、子どもが理解できないのを理解できないで話しをすすめる傾向があるが、努力した学生ならドコが理解し難いか承知しているから」と理屈をつけ、お引き受けしたことがあります。

そうしたら、四回で生そばが少なくとも十五センチの長さに出来上がって、手打ちそばにすでに挑戦しておられたメンバーの一人が、「今までは五センチ以上になったことがなかった」という感慨をもらされたのを聞きました。

これから、その時の経験をもとに、手打ちそばを作るときの陥りやすい点と、その対策を書いていこうかと思います。

なぜ、手打ちそばなのか！

「手打ちそばをこしらえる目的は、いったい何なんですか？」と、いつもお聞きします。なぜ「手打ちそば」を作りたくなったのか、その動機を挑戦者に聞いても、「そこに山があるから」の類いの返事しか返ってきません。

そして、山登りの人が頂上に着いて満足するように、おそばが長くできるというだけでスッキリするようです。私共のように、そば屋を家業としていた人間にとっては、「オソバがナガイ」のは珍しくもなく、その長いおそばがおいしいかどうかだけを問題にします。

手打ちそばをこしらえたい方も、「おいしおそば」を作りたいからで、裏返せば、「そば屋のそばはおいしくない」と思っておられ、青い鳥を探すように、努力された結果でしょう。

そば屋のおそばのどこが気に入らないのかを反省してみますと、「生そばジャない！」ということに尽きるのでしょうか。「生そば信仰」は、おそばが普及しはじめた頃、つまり江戸中期から「とかく、麺店家のそばは小麦粉をまじえ、その製よろしからず」と、一七五一年に出版された『蕎麦全書』という本に書かれており、生一本のそばを売る「正直屋」などという店につめかけていたようですが、大多数の江戸っ子は、そばはたぐり込むもので、波多野承五郎さんというか天下の大通も、「どんな上等の蕎麦粉を使っても粘り気が少ないから、舌触りがよくない上に、七、八寸より長くつながらぬから、咽喉へ流し込むのに都合が悪い」と、「生蕎麦は旨くない」という文のなかでのべられています。

この波多野承五郎さんという方は、明治の初めに慶応義塾ができた時に、十歳前後で入学し、福沢諭吉の『福翁自伝』にも名前のでてくる学者でもある政治家で、『食味の神髄を探る』という本も残されています。まず、江戸の（時代ではなく）食文化に詳しい方です。亡くなったのは昭和の初めで、「機械打ち」（それも伸ばすのと切るだけ）が普及しはじめたのは大正十二年の関東大震災以後のことですから、食べられていたおそばは手打ちに決まっています。

おそらく、波多野承五郎さんが好まれていたおそばの長さは、四十五センチくらいのものでしょう。そして、現在の手打ちそば屋のそばの長さも、プロでしたら、四十五センチのはずです。それも、

「**蕎麦全書**」……友蕎子著、一七五一年刊。蕎麦の解説書としてまとまっている最古の文献。

「**波多野承五郎**」……岩波文庫『福翁自伝』一九九六年版・二〇五頁参照。

「**機械打ち**」……蕎麦を打つのに、ミキサー混合、ロール圧延、ロール切断して、細く、長く加工した蕎麦、うどん、ラーメン。

生そばで。

現在の普通のそば店のおそばは、途中でわざわざ切らなければ何メートルにでも出来ます。以前、テレビ局で、脚立の上に立っておそばを食べる場面を撮影したことがありますが、そんなものも、機械で伸ばし、機械で切れば生そばでもできます。

しかし、手で伸ばし、手で切ったのでは、四五センチから五〇センチが限度で、うまくいってもその倍です。よく、そば店の袋などに葛飾北斎の漫画で、二人の男が大きな盥の中から、長い麺をつまみ上げている絵が載せられておりますが、あれは、漫画の誇張だけではなく、たぶん「そうめん」のように作った「うどん」ではないかと思います。

昔から、そばを長くこしらえることは理想であったのかもしれません。ですから、現代の「手打ち指向家」も、長くこしらえたいのでしょう。

「長いおそば」と「おいしいそば」がイコールであれば、普通のそば店のおそばは最高においしいことになります。何も、自分で手打ちを試み、短い（言いかえれば、マズイ）おそばを作る必要はなく、あえて、「イヤ、おいしい蕎麦粉のおそばを食べたいのダ」と言われるのでしたら、通の好む「そばがき」で十分であって、なにも細く、長くする必要はないでしょう。

とはいえ、おそばは「そばがき」で食べるよりも「おそば」にした方がおいしいから、おそばがこんなに普及したのです。

「オイシイ蕎麦粉で作った生そば」が食べたいのに、そば店じゃあ供給してくれない、というコンプレックスが手打ちそばに走らせるのでしょうか。

そういう趣味的なそば店も近頃は増えてきて、さらに凝って「契約栽培」をしてみたり、店に石臼を設置して「自家製粉」をしたりしております。古い暖簾の店でやっているのでしたら汁も良し、「木鉢や釜も確か」ですから問題はありませんが、はやりの手打ちの店のほとんどは「ズル玉打ち」であり、「ソラ煮えそば」と思われるものが多々あるのに、お客様の方は、「手打ちだからおいしい」、「腰があってうまい」という評価をされているようです。「ズル玉」というのは、「やわらか過ぎるドウ」のことで、これをよく茹でると縮れて、クチャクチャになります。

「ズル玉打ち」が多いのは、玄人でも最近まで「木鉢」を知らない人が多かったのと、素人に教えるには、「ズル玉目」の方がキレイに早

「そばがき」……蕎麦粉を熱湯でこね上げて、糊状にした食べ物。

「石臼」……上下、二つの重い円盤の表面に線を刻み、それを合わせて、そのスキマで穀物などを粉にする道具。

「木鉢」……栃の木を縦割りにし、その半分を丸く削り、中も刳り貫いて、漆を塗った、直径六十センチ以上の大きさの「こね鉢」。

「ズル玉」……水を入れすぎて柔らかくなり、作業を「ずるけて」も蕎麦になるし、揉むとき「ズルッ」と手が滑る、手抜き蕎麦。おいしくない。

「ソラ煮え」……「ソラ笑い」「ソラを使う」という用語で、「フリをする」、「しているような格好をする」こと。

く「ツラ」が出るのでそれで教え、「雪のように」打ち粉を打った方が格好も良いので、それが正しいと思い込まれたのではないかと、玄人側としては反省しております。

もうひとつの「腰がある」というのには、以前から閉口しております。「腰がタツ」のでしたら、そばを盛る時、「蝿がくぐれるように盛れ」といわれるように、クッタとしませんが、腰があっては奥歯で噛み切らなくてはならず、そば屋も楊枝をださなくてはならなくなりますし、ノドへ流し込めません。「腰が無くなる」と「ノビちゃう」のです。

おいしいおそばとは、「腰が立って、歯切れが良い」、ピンとしていながら、上前歯と下唇で軽くおさえるとフッツリ切れ、香りが喉の奥に残るようなそばを理想とします。

それができればプロですから、まあ、手打ちに挑戦されるのでしたら、最初は「ズル玉」から覚えても、さらに研鑽を重ねて「しっかり揉み込まれて、伸ばして切ることのできるドウ」をこしらえて、それを正しく茹でて、「ウチの手打ちそばの方があそこのそば屋よりおい

「ツラ」……「顔」のこと。表面。

「打ち粉」……ドウが伸し台などにくっつかないように、間に挟む乾いた粉。

「ノビちゃう」……「蕎麦がのびる」というが、長くなることではなく、ノックアウトされて「ノビちゃう」状態になる事。

しい」といえるようにしてください。もっとも、そうなったら「プロ」です。

まずは、「人がつながらないという生そばを、三〇センチくらいの長さの、太さが割合そろった格好に仕上げる」ことを最終目標にして、うまい、まずいは問題にしないでください。

そうはいっても、自分で打ち上げたそばの味は最高！　人にも威張れます。

あった方が断然有利な道具

手打ちのおそばを作る時、あった方が断然有利な道具は「蕎麦包丁」と「小間板」です。以前、「包丁は何でもよい」と自著に書きましたが、手打ちそば教室でつぶさに感じたところでは、「包丁だけは、蕎麦包丁があった方がよい」ということでした。

もちろん普通の西洋包丁でも菜っ切り包丁でも、引き切りにすれば切れます。洋食のコックさんが、キャベツを切るように上手に細くそばを切っているのを見ましたが、大根の「千六本」をやったことがない男性でしたら「蕎麦包丁」でないと、長く、細いおそばに仕上げるのに骨を折られるでしょう。

「そんな無駄なもの！」と叱られるかもしれませんが、そばを切るだけに使おうと思わずに、色々利用すると便利です。私のところでは、先日、到来物のカボチャを梨割りにしましたし、自家製のピザを切ったり、ショートケーキを切ったり、スイカを切ったりと、なにしろ刃渡りが二十七センチはある直刀ですから、真上からグッサ

「千六本」……大根を薄く輪切りにし、それを更に細く切って、味噌汁の実にする。

道具
粉篩
小間板
蕎麦包丁
麺棒
巻きとり用
のし用
こね鉢
粉刷毛
まな板
切る時は
「カッターマット」を
利用すると、あと
片付けも楽です。
CUTTER MAT
ハカリ
計量カップ

り裁ち切るのに向いています。形も中華包丁に似ていますから、代用できます。もっとも、中華包丁は前後にわずかに反りがあり、「ブッタ切る」のに向いており、これでそばを落とし切りにすると、真ん中だけ切れ、まわりがつながった「スダレそば」になりかねません。

そのほかに、江戸の職人は、そばを切る「定規」もこしらえていました。『蕎麦全書』には出てきていないので、もっと後世の発明でしょう。

それは「小間板（駒板）」という道具です、二十七センチ角くらいの桐の板の一方に、黒檀などの堅い板がお琴のコマのように立って、土手を作っているだけの道具です。

これを、畳んだそばの布の上にそっと置き、左手で上から軽くおさえ、そばの布の一番端に揃え、駒の腹に包丁をピタリと当て、その定規にそって包丁を落とし切りに落とし、下まで刃が通ったところで包丁をわずかに左に捻ります。すると、コマの高さが二センチくらいありますので、包丁の腹で、土手が押され、駒板もわずかに左に移動します。

すると、下にそばの切られていない布が顔を出しますから、包丁

「中華包丁」……「中華料理」の料理人が使う、幅広の大きな包丁。

を土手に沿って持ち上げ、土手にピタリと合わせてからまた裁ち落とす、それを繰り返しているうちに、畳んだそばの終点に行き着くし、捻り方の力を一定に（これも手練ですが）しておくと、移動幅も同じになり、切られたそばの細さも揃う、という単純でありながら合理的な道具です。細打ちと太打ちを両方作るそば屋ですと、「手クセ」を変えずにすむように、駒の高さを変えたものを用意しておきます。土手が高い方が当然移動も大きくなりますから、同じ仕事で、違う太さのそばを切ることができるのです。

ちょっと話が飛びますが、どのくらいの太さにそばを切ったかというと、名人の話では、普通のそばで三・三センチ（昔の鯨尺の一寸）を「二十三本」に切るのが御定法だったそうですから、**一本の太さは一・四三ミリ**になります。**細打ちは一・二五ミリ**です。「蕎麦切り包丁」は自分では作れませんが、「駒板」はこしらえられます。

三ミリか五ミリ厚のベニヤかデコラの板の半端ものを、日曜大工の店で買ってきます。大きさは三〇センチ角くらい、それと、二センチ×一センチの角材も三〇センチばかり買ってきて、一方に角材を糊付けすれば出来上がりです。

「鯨尺」……「布用」の物差。金用を「曲尺（かねじゃく）」といい、曲尺の一寸は約三センチであるが、鯨尺は曲尺で計ると一尺が一尺二寸五分と長いので、三十七・五センチになるが、その後、三・三センチを鯨尺の一寸にした。

ついでに、ラワンの丸棒（直径二〜三センチ）を、長さ一八〇センチのものを一本買ってきて、三つに切っておきます。三本とも同じ長さにせず、一本は四十五センチにし、残りを半分づつに切って二本にするとよいでしょう。

そのほかに、「のし台」代りに、よく勉強机や事務机の上に敷く厚手のビニールマット、まな板も家庭のものでもよいのですが、小さいのと、机の上に重ねて置くと高さが高くなりすぎて切りにくいので、文房具店で三〇×四五センチの「カッターマット」を買ってきて利用すると、片付けるのに楽です。

もちろん、こうした道具も本格的なものを購入することができます。手打ち蕎麦屋で揃えて売っている道具一式を、高いものはキリがありませんが、お遊びに、格好をつけて使うのに予算がどのくらいかかるか、価格表を載せておきます。

蕎麦包丁	ローズ柄（二十七センチ）	三五〇〇円
こね鉢	ＰＣ（四十五センチ）	八四〇〇円
粉篩	四〇メッシュ（二十一センチ）	二三〇〇円
小間板	桐（二十五×二十五・五）	三五〇〇円
麺棒	一本（九〇〇ミリ）	二五〇〇円

「カッター・マット」……カッターで裁断する時、下敷きにすると、切り口がすぐに塞がり、何回でもデコボコにならない文房具。

「メッシュ」……篩いなどの網目の間隔の大きさを示し、出てくる粉の粗さを表示する。一インチ（約二・五センチ）の幅の中にある線の数で表す。普通、蕎麦粉は七〇メッシュである。

（三本組で六〇〇〇円くらい）

まな板　（六〇〇×三〇〇×三ミリ）　五〇〇〇円以上

粉刷毛　三五〇〇円

（平成十一年十一月現在）

提供

有限会社　竹むら

東京都台東区元浅草四丁目一〇番八号（菊屋橋交差点角）

電　話　〇三・三八四一・四五五〇

ＦＡＸ　〇三・三八四一・四二四七

といったところで、合計すると三万五千円ほどかかります。

そばをこねる容器は、ステンレスの直径三十センチ以上のボールで十分ですから、台所にあるでしょう。そのほか、計量カップ、粉を計るハカリも必要です。

はじめは、包丁もあり合せのものを使ってもよいでしょうが、つい、上手に切りたくなります。

手打ち作業をする場所

手打ちそばをこしらえようとすると、かなり、粉が飛びます。

　　手打ちそば下女前垂を借りられる　（柳多留　五・二九）

前掛けももちろん必要ですし、最初の「水まわし」ではまわりをよごしますので、「食べ物を作るのは台所」とこだわらずに、風があたらぬ風呂場でやると、後を水で流せます。

生地を伸ばすのは、どうしても食卓になります。「打ち粉」を打ちますのでやはり、粉は飛びます。周りに電気掃除機を置いておき、食卓の上にビニールマットかベニヤ板を敷き、そのマットの上に打ち粉をすり込み、そこで伸ばします。

切る時には、その上にさらにカッティング・マットを敷いて切ります。

これで準備万端、整いました。

「柳多留」……正式には『俳風柳多留』といい、柄井川柳という俳人が江戸時代、一七六六年頃、投句させ、入選作を発表した「句集」。

「水まわし」……蕎麦粉と水を混合することを指す、蕎麦屋の用語。

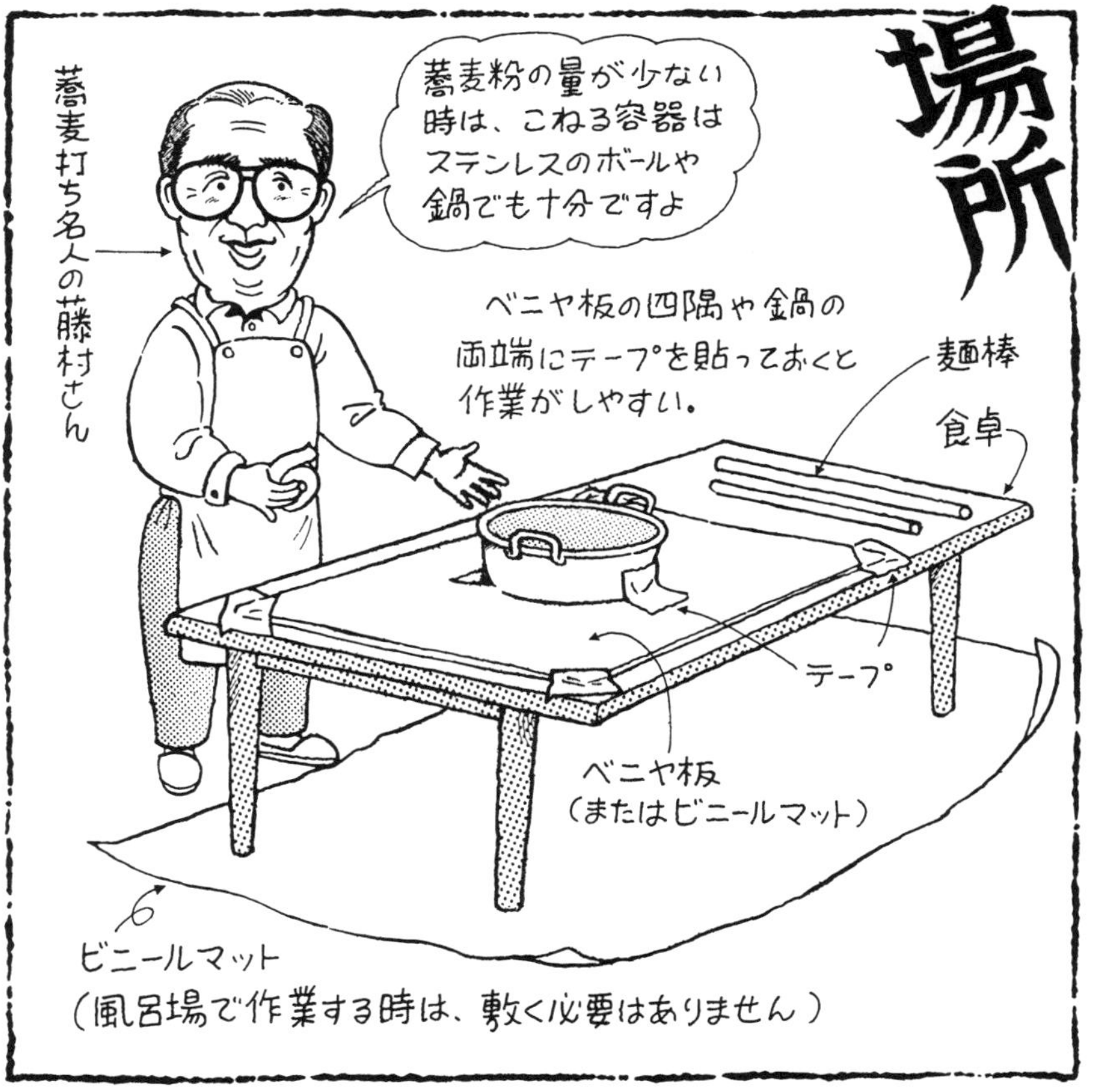
場所
蕎麦打ち名人の藤村さん
蕎麦粉の量が少ない時は、こねる容器はステンレスのボールや鍋でも十分ですよ
ベニヤ板の四隅や鍋の両端にテープを貼っておくと作業がしやすい。
麺棒
食卓
テープ
ベニヤ板
（またはビニールマット）
ビニールマット
（風呂場で作業する時は、敷く必要はありません）

まず、うどんから始めよう

手打ちそばを作ろうとして失敗する、最大の問題点のひとつは、作業の手順にマゴツイテ、粉を乾かしてしまい、粘りが失われ、ヒビ割れができてボロボロになってしまうことです。講習会の折にも、「水まわし」がむずかしいのは当然としても、その後の「くくり」、「つら出し」でてこずるのはもちろん、「へそ出し」、「丸だし」までも時間がかかります。

反復練習をしようとしても、蕎麦粉ですと値段が高い上に、時間が経てばたつほどボロボロがひどくなり、練習にはなりません。ところが、それが小麦粉ですと、何回でも、同じ作業を反復練習できます。

そこで、練習に使った小麦粉のドウで、うどんができるかといえば、さんざんいじくり回したことを頭に入れないでも「おいしいうどん」にはなりません。

しかし、御家族の方は、「うどんを作っている!」と期待している

「くくり」……粉と水が混じって、ぼろぼろしている状態のものを一つにまとめる作業。

「つら出し」……玉の表面がツルツルになるように、ころがしながら揉みこむ作業。

「へそ出し」……揉み込んでいるうちにできたギザギザの部分を小さく、臍のようにする作業。

「丸出し」……団子状のこねた玉を平らな、きれいな円形にする作業。

はずです。

「蕎麦打ち」の練習かたがた、やはりなにか収穫がないと気合が入りませんから、うどんもこしらえてみましょう。すると、「うどんもなかなか奥が深い」と気づかれるでしょう。講習会の出席者の中には、「もう、うどんなら問題ない」と自信を持たれた方もおられました。小麦粉で蕎麦の手打ちの動作の練習をし、「良し！　これで！」となったところで本番にとりかかると、もう、八分どおりそばは打てます。あとは、「水回し」の研究と、「つながる蕎麦粉」を手に入れるだけです。

蕎麦粉の方も、昔と違って手に入りやすくなっています。蕎麦製粉業者が、「手打ちそば」のニーズにこたえるようになっているのと、「宅急便」の発達で、少量でも、遠方でも、窒素充填で品質の変化がないままに配達してくれるようになっているからです。

ただし、量は確か「一〇キロ」単位ですから、「もりそば、百二十人前」で、それを一週間以内に使い切ってしまわなくてはいけません。

うどんでしたら、一キロ単位で粉を売っているので、この心配はありませんが、実は、「うどんくらい、粉で食感が違うものはない」


「窒素充填」……酸化を防ぐために、酸素を追い出し、代りに窒素ガスを詰めて密閉しておく袋。

のです。

私共も若いころは、うどんというと少々軽蔑しておりました。これは関東人の身に染みついた観念らしく、夏目漱石も『我輩は猫である』の中で「うどんは馬子が食うもんだあネ」といわせています。ところが、その後調べてみますと、「蕎麦は下賤の食べ物で、うどんは僧侶以上」であったようです。

「蕎麦」が「そば」になったのも、うどんより少なくとも五百年、もしかすると、千年近くも後だったようです。

農作物としての小麦や蕎麦は、七～八世紀には日本にあったことが発掘などから知られています。ところが、小麦は大麦と違って、搗くなり挽くなりして完全な粉にしないと食べられません。そこで、小麦の取り扱いは、当時、中国に留学した僧侶によってもたらされた食文化で、蕎麦の方は、「救荒食物」として、粗挽きで「そばがき」か、現在でもシベリア地方で食べられている「カーシャ」のような調理方で食べられ続けてきたようです。


「カーシャ」……シベリア地方の蕎麦の実を使った料理。

うどんは蕎麦の先輩格

うどん状の小麦粉製品は八世紀に記録がある「索餅」が初めてでしょう。「こんとん」が「うどん」になったといわれますが、十三世紀に石臼が中国からもたらされるまでは、小麦粉食品はあまり普及しなかったようです。

十四世紀になってから、「うんどん」、「そうめん」、「きしめん」といった名称が見られるようになります。その頃は上流社会の食べ物で、お公家さんが、そうめんで一杯やったなどと日記に書き残しています。

品物が豊富になれば下々が真似するのは世のならいで、僧侶階級からだんだん一般庶民の口にも入るようになったのでしょう。ところが、日本では小麦の収穫期が雨季に入ることが多く、実った小麦が水を被ると澱粉が「損傷澱粉」になり、とろけてしまうので、限られた収穫しかあげることができません。だから、ふんだんには小麦粉は手に入らなかったのです。

「索餅」……八世紀に、小麦粉をこね、縒って、小さな小片にし、乾燥させた食べ物。

「損傷澱粉」……小麦の種子が稔ってから雨に当たると、発芽の準備をしてしまうために、澱粉が崩れたもの。

しかし、粉製品を細く長く加工すると、箸で端をつまみ上げ口に加えてあとはすすり込むと、おいしいし、早くたくさん食べられるので、「うんどん」を真似て、雑穀の粉で「うどんもどき」を作るのがはやり始めたとのことです。

しかし、大麦の粉や粟の粉で「うどんもどき」をこしらえてもおいしくありません。米でさえ、粉にすると、食べられるのは団子くらいなもので、現代日本でも米が余って、そのはけ先に粉にしてうどんに混ぜさせようと政府がしたことがありますが、加工も難しく、おいしくもないので、立ち消えになったことがあります。

そうした雑穀のうち、蕎麦だけは生き残りました。しかし、その蕎麦といっても、田舎風に作ったのでは、ゴソゴソ、クチャクチャと歯にぬかり、ノドにひっかかるだけです。ですから、ついこの間まで、現在そば好きがもてはやす「祖谷」の地元のおばあさん達が、「本当はうどんが食べたいんだけど、この辺では小麦が採れないから蕎麦で我慢している」といっておりました。なにしろ、祖谷はうどん処の四国の真ん中なので、庶民の口にもうどんが入りやすかったのでしょう。

そばがうどんに取って代わるようになったのは、江戸で、十八世

「祖谷」……四国の地名。山の中で、蕎麦で有名になっている。

紀になってからではないでしょうか。一七五一年の『蕎麦全書』にも、そば店のそばの大多数は「小麦粉八割、そば粉二割」で、それでも「この頃、蕎麦を三割に増やしている」と自慢している店もあるとのことです。

現在、「日本農林規格」では、「そば粉を三割以上含むものを蕎麦という」と規定していますから、蕎麦が蕎麦になったのはこの頃からということになります。

このくらい小麦粉が多ければ、こねるのに、「そばとうどんは違います」などとしかめツラをしなくてもよかったでしょう。

それが、そば粉が増えるにつれて、うどんのこね方では、そばが細く長くならなくなったのです。そこで独自の工夫がこらされ、「蕎麦の工法」も確立しました。それは、十八世紀の江戸であったはずで、それには、蕎麦の製粉方法が現在の東京・中野近在の青梅街道沿いで開発されたのも大いに貢献しています。

しかし、その技術のもとは、うどんの作り方であったのです。

「日本農林規格」……ＪＡＳといい、国家で定めた規格に合格した農産物を検定し、証明すること。

うどん粉になる小麦粉

御家族へのサービスに、そば打ちの練習がてら、おいしいうどんをこしらえてみましょう。

そう難しくなくできますすし、家庭で食べて結構バラエティーに富んだ昼食や夕食の一部になります。そのまま「かけ」にしても良し、最近の大発明である「焼きうどん」にしても良し、「ほうとう」に挑戦しても良し、「スパゲッティー・カルボナーラもどき」にしても良し、「けんちんうどん」をおかずにしても良しと、利用方法は多様ですし、そばと違って、前日にこしらえて冷蔵庫に入れておき、翌日茹でても平気ですから、時間に追われずゆっくりと作ることができます。

ついでに、ピザもこしらえられます。「そば打ちの練習用のドウ」を作るのですから、色々な小麦粉を使って良いからです。

よく本に「うどんを作るには、強力粉と薄力粉を半々に混ぜて」などと書いてありますが、それは「間違いだらけの……」になります。

「焼きうどん」……昭和四十年代あたりから、喫茶店のランチ・メニュウに登場した。

「ほうとう」……山梨県で家庭料理として伝えられた。

「けんちんうどん」……北関東地方のご馳走。

「強力粉」……小麦粉の品質表示の一つ。蛋白質が多く、固く、パン用。

「薄力粉」……小麦粉の品質表示の一つ。蛋白質が少なく、もろい、ケーキ用。

小麦粉というのは、実は色々な種類があり、間違った利用方法をすると、おいしくできないだけでなく、時とすると製品にならないのです。ですから、最近ではスーパーの売り場では、「小麦粉」よりも「てんぷら粉」や「パン用粉」、「ケーキ用粉」という名称の小麦粉調整品を売っているのです。こうした小麦粉の基礎知識は、一般の人にはこれまであまり縁のないことでした。小麦粉メーカーがしっかり研究して、もっとも「合った性質」の小麦粉を供給しているからです。

私でも、昔は、うどん粉とメリケン粉は違うものだと思っていました。なぜかというと、メリケン粉ではおいしいうどんができなかったからです。

優曇華を小麦の花と覚えて居　（柳多留拾遺　四—十一）

「優曇華（うどんげ）」とは、三千年に一度咲くという想像上の花のことですが、江戸市民でも、うどんは小麦から作るものだということは分かっていたようです。

でも、「どういう小麦粉がうどんに良いか」などとは考える必要は

「小麦粉調整品」……小麦粉に小麦以外の澱粉とか、繊維を混ぜ、ある小麦粉食品を作るのに、おいしく出来るようにした粉。純粋の小麦粉ではない。

「柳多留拾遺」……「柳多留」では取り上げられなかった「秀句」を集めたもの。

ありませんでした。なぜなら、世の中には「うどん粉」しかなかったからです。ところが、実は、その頃のうどん粉でさえ地域差があり、地方地方によって、うどんの食感が違っていたのです。どう違うかというと、「北の方は固く、しっかりとしており、南のうどんはやわらかくモチモチし、九州になるとフニャフニャ」といった差があったようです。ですから、その地方の人はその地方のうどんの食感に馴れており、違うとヘンと思ったのです。ですから、メリケン粉はうどん粉とは違ったものと思ったのでしょう。

「メリケン粉」はアメリカから来た「小麦粉」です。明治期に「メリケンうどん」と宣伝して商売をしたうどん屋もあったそうです。もっともその頃は地域性が強く、関西で「東京てんぷら」も売っていました。関西のてんぷらは、この頃は東京てんぷらとは似ても似つかぬものだったせいもあります。

なぜ、うどんの食感が違ったかとえいば、日本は南北に長い国なので、寒帯から亜熱帯にまで及び、それにつれ小麦も、北では蛋白質が多く、南になると少なくなるばかりでなく、澱粉の堅さ、粘りも違っているからです。

昔、農産物試験所で、同一種の小麦が、北関東から九州にかけて

「関西のてんぷら」……さつま揚げを関西では天麩羅と呼び、魚などに小麦粉を溶いて付け、油で揚げたものは「東京天麩羅」といった。

どう違うか調べたことがありますが、その折、北関東と九州では、蛋白質の含有量に一割以上の差があることがわかりました。北の方が多くなるのです。それでもみんな「うどん粉（中力粉）」なのです。

北海道は、中力粉の小麦を作るのには向かず、準強力粉という小麦粉ができますから、これは中国大陸の北方と同じで、ラーメンになるのです。メリケン粉はカナダあたりから来ましたから、強力粉で、パン用粉です。スパゲッティの原料の小麦粉は、見ると、これが小麦粉かと疑いたくなります。フランスパンの原料小麦粉は、分類ですとうどん粉と同じ中力粉ですが、澱粉の粘りははるかに少なくなります。イタリアのピザは、フランスパンに似た粉で作ります。

こんなに性質の違う小麦粉があるので、メーカーも「小麦粉」としてだけでは売れないのです。

ある時、アメリカでうどんを製造しようとされた方から相談を受けましたが、アメリカには、どうしてもうどんに向く小麦粉がないと嘆かれていましたが、小麦には、そうした土地の気候との関係が深いので、仕方がないところです。

日本のうどんでさえ、北関東のうどんは関西に比べて細いし、ツ

「中力粉」……強力粉でも、薄力粉でもないものという意味であるが、その中にも色々な性質のものがある。

「準強力粉」……強力粉ほど突っ張らず、中力粉よりは蛋白質が多く、ラーメンや「まんとう」に向く。

「スパゲッティーの原料」……「デューラム小麦」という品種の小麦を粗く「セモリナ」という形に挽いた粉。

ルツルしているので、太い、シットリしたうどんを食べつけている関西人は「水ッぽい」といい、汁が乗らないので嫌います。

さて、色々な小麦粉で「うどん状食品」をこしらえてみても面白いのではないでしょうか。もしかすると、一番手に入り難いのが「うどん粉」かもしれません。「うどんに向いている粉」とは——、

・蛋白質の含有量は一〇%くらいで、

・粉の質はサラサラしていず、しっとりして（ガラス質でなく粉体質）

・力を入れないでもよく伸びて（パンにするにはよく伸びるが抵抗も強くないとガスが逃げてしまいます）

・澱粉の粘りが強く（パンには向きません）

・早く糊化するもの

——です。うどんに向いているといわれたオーストラリア産でも、澱粉の粘度は、四国産の三分の二しかありません。その四国でも、地粉の入手に骨を折っているようです。

「**糊化**」……澱粉に水を加えて加熱し、消化可能な状態にすること。アルファー化ともいう。

うどん塩を用意しておく

うどんは塩水で、こねます。蕎麦は真水が主です。塩水でこねないうどんもありますが、塩を加えるとうどんの蛋白質がしっかりしますし、澱粉の粘りも大変強くなり、モチモチとしたうどんができます。

そして、この「うどんの塩加減」が「秘伝」になっています。基本は「**夏には塩を多く、冬には少なく**」ということですが、どうも、現在のように冷暖房完備で、冷蔵庫も温蔵庫もある時代では、春秋の加減だけでよさそうです。

四国の「口伝」で、「土三、寒六、常五杯」というのが一番格好よい口伝ですが、これも、「昔の塩」でないとできません。現在では、塩も専売公社の「食塩」から離れて色々な塩が入手できるようになりましたが、「カサ」(見かけの比重)が全部ちがうので、容積で何倍に伸ばすといっても、水の方は正確としても、塩は重量比でも同じではありません。

「**昔の塩**」……日本においては、ほとんど全てが「海塩」であり、塩田で取ったので、「にがり」(マグネシュウム)などの不純物が多く、放置しておくと吸湿して溶けてしまいやすい。

そこで、「ボーメ」という単位をつかうのですが、これは、例えば「一〇〇ccの食塩水の中身は何グラムの食塩と、何ccの水でできているか」ということを表すので、「ボーメ二〇度」の食塩水一〇〇グラムの中には、塩が「二〇グラム」入っている、ということで、容積は一〇〇ミリリットルよりやや少なくなります。塩は大変水によく溶けますが、二〇度Cの水温の時、「二六・四％」までは溶け込むが、それ以上は溶けず沈殿して「過飽和食塩水」ということになってしまいます。

しかし、塩を固体で小麦粉に混ぜたのではすぐには溶けませんから、あらかじめ「うどん塩」というものをこしらえておき、うどんをこねる時に使います。

この「うどん塩」は、関西などではあまり醤油を使いませんから、醤油の代わりにこうした食塩水をこしらえておき、お料理に使っているようです。ですから、うどん用ばかりでなく、気取った京風料理をする時にも使えますし、腐るものではありませんから、こしらえておいてもよいでしょう。

作り方は簡単で、ペットボトルの中へ塩をサラサラと四分の一ほど入れ、口まで水をいれてフタをし、よく攪拌して、全部溶けてし

「過飽和食塩水」……これ以上食塩が溶け込まなくなって、底に沈殿している状態にまでなった食塩水。

まったら塩を足し、底に残るようならそれでおしまいにすれば出来上がりです。

普通、うどんをこねる時に使う食塩水のボーメ度は十三度前後ですから、うどんを作る時には、例えば、小麦粉を一キロこねるのに、加水五〇％だから、五〇〇ミリリットルいるのでしたら、この過飽和食塩水二五〇ミリリットルに水を同量足すと、ボーメ十一度程度の食塩水になるという目安になります。

お料理に使うのでしたら、「大サジ一杯」は約一五ミリリットルですから、塩を四グラムくらい、塩だけでしたら小サジ軽く一杯といった目安ですが、塩を直接入れたのに比べて味がマイルドになります。

「うどん塩」は、使う四〜五日前に作っておかないと、塩の粒子は完全に溶けません。

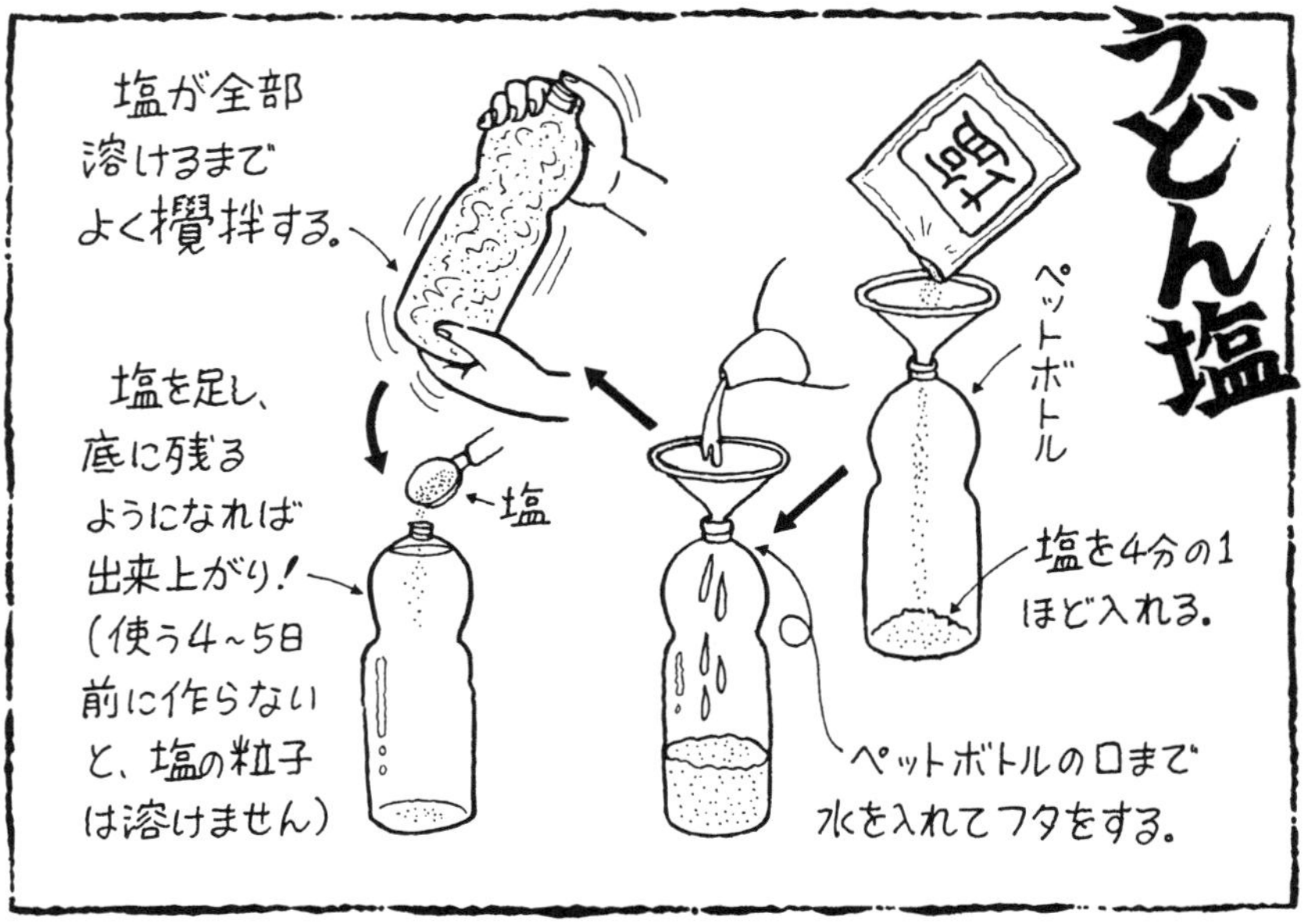

うどん塩
塩
ペットボトル
塩を4分の1ほど入れる。
ペットボトルの口まで水を入れてフタをする。
塩が全部溶けるまでよく攪拌する。
塩を足し、底に残るようになれば出来上がり！（使う4～5日前に作らないと、塩の粒子は溶けません）
塩

うどんをこね始める

そば打ちの練習用のうどん生地もついでに作るのでしたら、小麦粉は「八〇〇グラム」いります。半分はうどん用で、半分は練習用です。「うどん塩」は「四〇〇ミリリットル」。

粉をふるいながらボールに全部あけ、塩水も全部いれてしまって（そばの時にはこうしてはいけません）、両手の指、八本でボールの底から粉をあおり上げるようにしながら、塩水と粉をなるべく平均に湿るように混ぜ合わせます。

ボールの底に粉がこびり付いたら、指でよくはがしておきましょう。ヒラヒラした小片になったら、ボールの真ん中に集めて、真上か

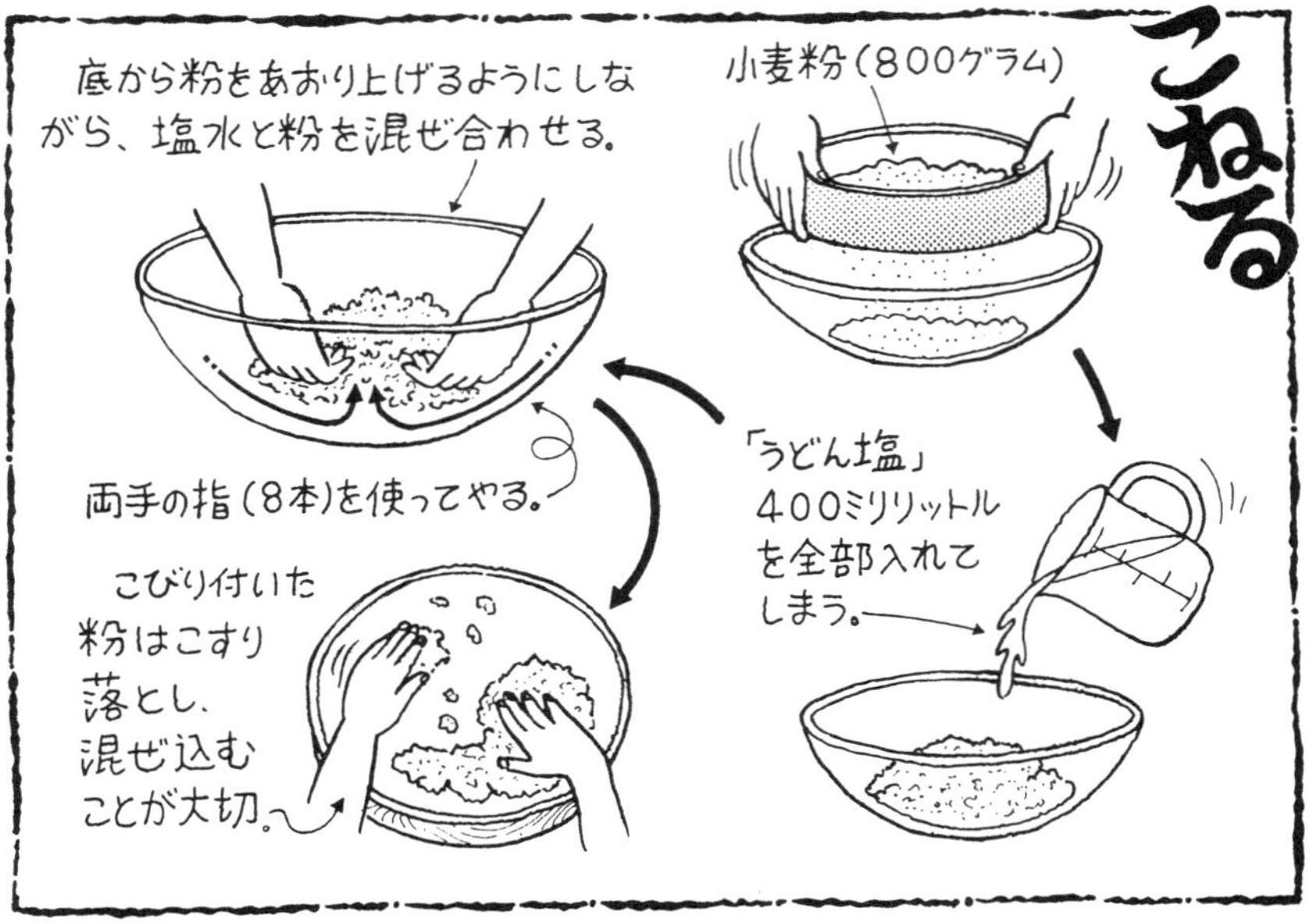

こねる
小麦粉（800グラム）
底から粉をあおり上げるようにしながら、塩水と粉を混ぜ合わせる。
両手の指（8本）を使ってやる。
「うどん塩」
400ミリリットル
を全部入れてしまう。
こびり付いた
粉はこすり
落とし、
混ぜ込む
ことが大切。

ら、げんこつで押し潰します。
すると、塊になるはずです。しかし、まだ周りはボロボロです。ですから、周りから寄せ集め、また固まりにして、また上から押し潰します。

これを何回かくりかえしているうちに、周りのボロボロがなくなり、「板」に近くなります。そうしたら、サランラップにしっかりくるんで、うどんにするのでしたら明朝まで放置するのです。

そうすると、「ドウ」はベタッとして引っ張っても伸びるようになります。

ここで「引っ張って」細くすると、「そうめん」か「稲庭うどん」、「大門そうめん」といった「古式うどん」になります。

「ラーメン」の「ラー」とは、「引っ張る」ことです。だから、ラーメンには、本来「切った支那ソバ」はなく、あれは「刀削麺」のまがい物

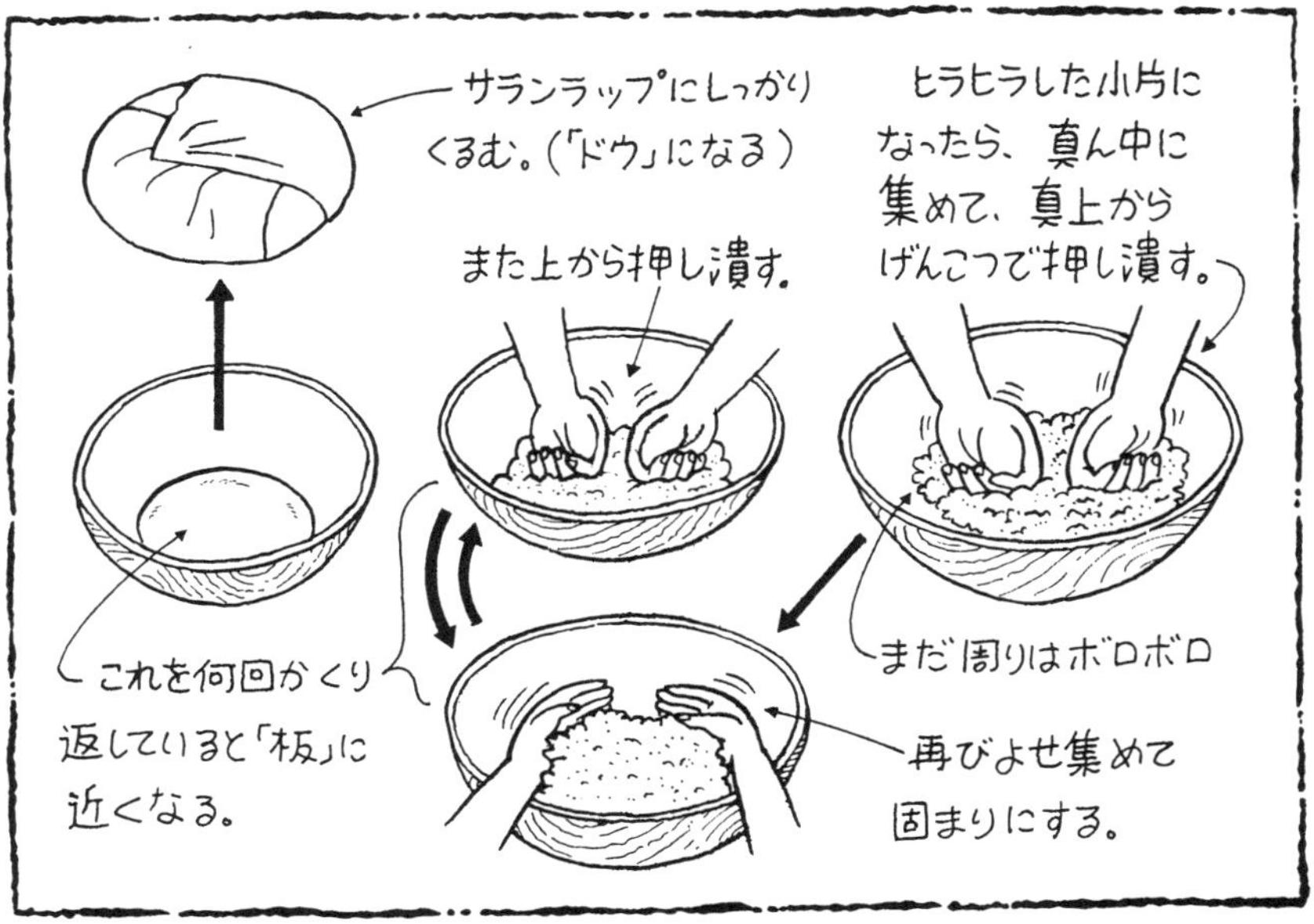
ヒラヒラした小片になったら、真ん中に集めて、真上からげんこつで押し潰す。
また上から押し潰す。
サランラップにしっかりくるむ。(「ドウ」になる)
まだ周りはボロボロ
再びよせ集めて固まりにする。
これを何回かくり返していると「板」に近くなる。

で、清国が滅びた時に日本に逃げてきた中国人が始めた「三刀職」の一つの包丁を使う料理人の一部が、日本の小麦とアルカリ性溶液を使って、中国の麺に似た小麦粉製品を売って生活のカテにした名残りです。

日本では、それを「うどん」と「そうめん」とに分けて、違うものとし売りましたが、現代でも「ラーメン」と「切り中華そば」は日本では区別されていません。

やかましい日本の「公正取引委員会」がなぜ、これを見逃しているのか、不公正を感じます。

なぜかといえば、「引っ張って」こしらえた「麺線」と、布状に広げたものを細く切った麺線とは「組成」が違うからです。繊細な日本人は、その違いを食べ分けて、「そうめん」と「冷麦」は違うものとして認識しておりました。

皆さんも、きっと、そうめんと冷麦の違いは口では分かっておられると思います。しかし、それがドウ違うかというと、はっきりしない方が多いのではないでしょうか。

「稲庭うどん」……秋田県の干しうどん。

「大門そうめん」……富山県の干しうどん。

「支那そば」……日本蕎麦でない、細い麺で、昔は支那、つまり中国系の人のはじめた麺。

「三刀職」……中国革命で避難して、アジア各国に散った中国人は、「包丁」（料理人）、「剃刀」（床屋）、「鋏」（仕立て屋）の三つの「刀」があれば食いっぱぐれがない、とこの職業に就く人が多かった。

もしかすると「手打ち」と「機械打ち」の違いはココに？

以前、製粉業界大手の「日本製粉」で『めんの本』というのを出版しました。その中に面白い実験の結果が載っていました。それは、現在の製麺の通常のやり方である「ロールで圧延」する時に、どういう格好で伸びるかを調べるために、厚い麺帯の表面に着色し、それをロールにかけて薄くした時にどういう模様を描くかと測定した結果、着色部分はずっと表面にそのまま伸びていくのではなく、「ウロコ状」に重なり合って連続して縞模様が、麺線の中に一重の青海波のように描かれることが分かりました。

これに比べて、「引っ張って伸ばす」と、「金太郎飴」の太い棒にしたものを柔らかくしてから一気に引っ張り細くすると、中の金太郎さんの顔がそのまま細く残るように、「組成」がつながったまま「細く」なるのです。

「金太郎飴」……浅草の観音様のまわりでよく売っていた駄菓子。飴の中に金太郎の顔を描くように色々な色の飴を積み重ね、それを白い飴で包んである。

すると、「組成が横に切断された」ものよりしっかりした食感になります。だから、「ひやむぎ」より「そうめん」の方がピンとしているのでしょう。本当の「ラーメン」と「切りラーメン」も口の肥えた人には分かるはずです。

実は、そばも「機械そば」は「ひやむぎ」や「うどん」と同じ作り方をします。そして、「手打ちそば」は、伸ばす時は「一方通行」で、切る時は「麺線を切断しないように」切るから長くもできるし、口当たりも機械打ちに比べて「剛性」になるのでしょう。

スパゲッティーは押し出して作ります。ビーフンも韓国の冷麺も、ネパールの蕎麦も押し出して作ります。最近では日本でも、「押し出しそば」「押し出しうどん」があります。すると、「腰があってウマイ!」麺ができます。しかし、蕎麦粉なら押し出せますが、「うどん粉」は押し出せません。「ガラス質」のメリケン粉やスパゲッティー用のデューラム・セモリナならノズルから出てきます。

作り方と材料によって色々な食感の麺ができます。しかし、伸ばす前の、粉と水の混和は、全て完全でなければなりません。

「ビーフン」……東南アジアの麺、米粉を蒸して押し出して細くする。

「冷麺」……韓国の麺、蕎麦粉と馬鈴薯(じゃがいも)澱粉をこね、押し出して麺にする。

うどんを寝かす理由と時間

うどんは「水和」させてから「寝かせ」ます。これを「熟成」といっています。それは、「グルテンの形成をよくする」ためである、とされております。その理由は、小麦粉の蛋白質は、乾いた粉の状態では澱粉にくるまれてバラバラに混入されているのですが、これが水を加えられると酵素によって澱粉が分解され、蛋白質が裸になると、今度はその蛋白質が隣の蛋白質とからみ合って、ドウ全体の中で「網目構造」をつくり、その網の中に澱粉をくるみ込むようになるからとされております。

この蛋白質同士の結びつきは大変活発なので、あまりかき回していると、蛋白質だけが仲良くくっつき合って、澱粉を「蚊帳の外」にしてしまいます。すると、茹でると、澱粉は溶けて湯の中に流れ出してしまうので、肌の荒れた、クチャクチャしたうどんになってしまうのです。てんぷらのコロモを溶く時、激しくかき回し過ぎると中に黄色い粒ができるのは、蛋白質が「麩」となって分離してしまう

「水和」……粉と水とをなじませること。

からです。これを防ぐために、うどんをこねる時にあまりはげしくこねず、水和の不十分なところは、幸いにしてうどん粉は水の浸透が良いので、「寝かせ」て、自然に水和するのを待つのです。

水和させたうどん粉に、塩を入れれば入れるほど、酵素の働きが抑えられますから、「寝かし」が長時間できます。また、酵素は高温ですと働きが活発になりますから、暑い夏には、その働きを抑えるために、塩加減はきつくなります。寒いと酵素は働かなくなってしまうこともあります。「水沢うどん」のように、寒冷地では、冬、ドウを寝かせるのに、うどんを茹でる釜の蓋の上に置き、あたためてやったりしています。

温度を上げると早く柔らかくなります。早くうどんを作りたかったならば、暖めてやればよいのですから、電子レンジなども利用できます。電子レンジのレシピに「発酵」というボタンがあれば、これは四〇度以下の温度を継続させるのですから、パンをこねる時、イーストを入れてこねてから、乾燥しないような容器にいれて、「発酵」で一時間ほど「熟成」させます。するとふくれてきます。

うどんをこねる時、塩分は普通のままで、水も五〇%で「うどんのこね方」で固めます。それを、やはり乾燥しないように電子レンジ用

「水沢うどん」……群馬県のうどん。

「発酵」……酵素が働いて、変化を起こさせること。

「熟成」……寝かせて変化が起こるのを待つこと。

の蓋つき容器に入れて、五〇分間「発酵」させます。イーストが入っていないので膨れることはありませんが、ベタッとした感じになります。

パンの場合には、「指をつっこんでみて、穴が戻らなくなったら」ということになっていますが、うどんの場合は「つまみ上げて、少し引っ張れる」くらいです。

普通の塩加減で、自然の温度で寝かす場合は、営業店では毎日午後三時頃から翌日のドウをこねはじめ、それを小分けにして甕に入れて寝かし、それを、翌朝揉み返してからうどんに打ちますから、およそ一六時間以上は寝かしていることになります。

ラップにくるんで放置してあるドウを、ラップのまま端を持ってみて、グニャリとまがって垂れ下がるようなら出来上がりです。電子レンジで五〇分も「発酵」させると、もう、一〇時間以上も寝かせたような状態になりますから、イ

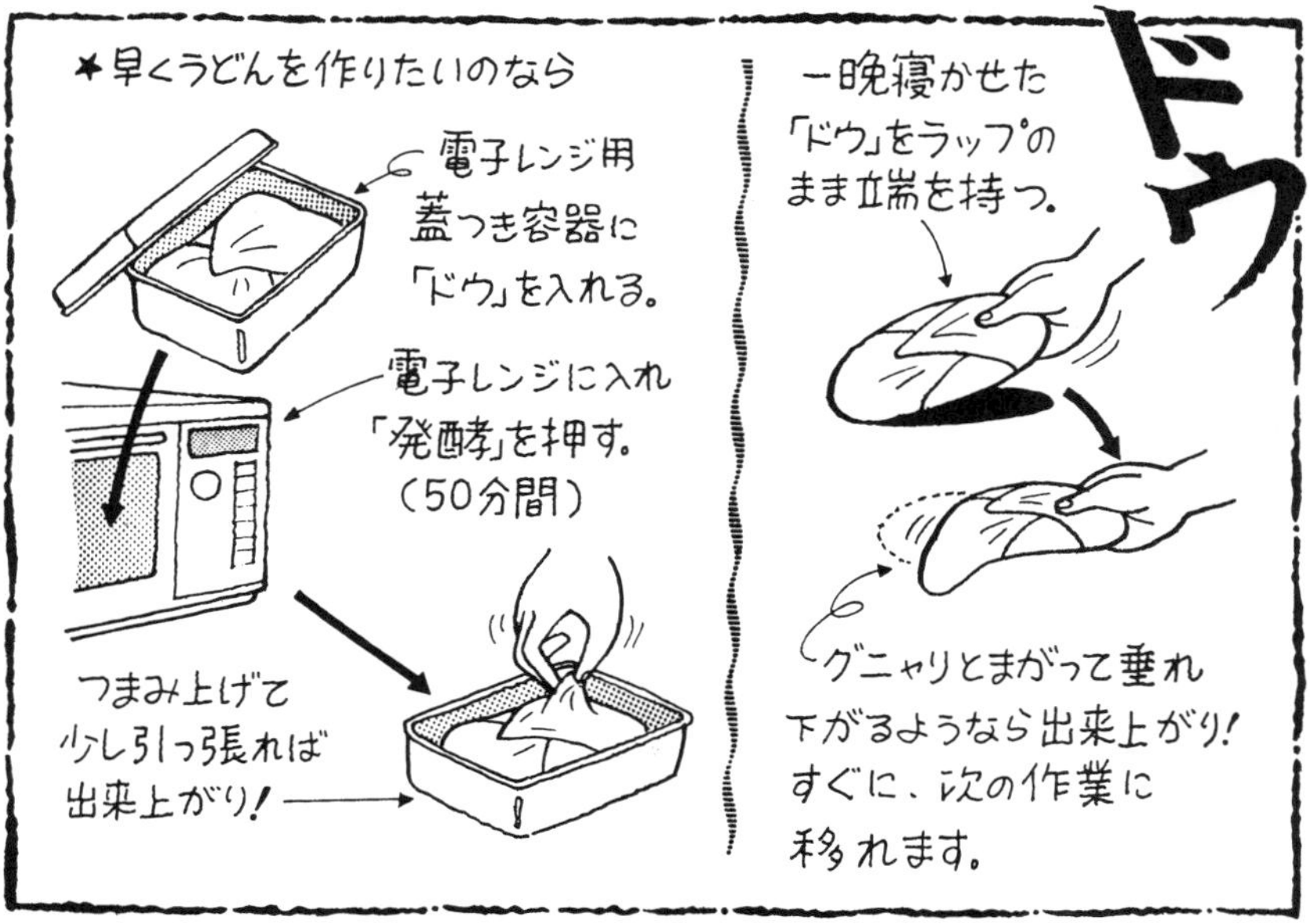

★早くうどんを作りたいのなら
電子レンジ用
蓋つき容器に
「ドウ」を入れる。
電子レンジに入れ
「発酵」を押す。
(50分間)
つまみ上げて
少し引っ張れば
出来上がり!
ドウ
一晩寝かせた
「ドウ」をラップの
まま端を持つ。
グニャリとまがって垂れ
下がるようなら出来上がり!
すぐに、次の作業に
移れます。

ライラ時が経つのを待たずに、「チン」と鳴ったらすぐに伸ばしはじめられます。蕎麦ですとそこでグズグズしていると駄目になりますが、うどんの生地でしたら、そこでまたラップにくるめば、二、三時間は休憩できます。

黄色くなっては寝かし過ぎです。もっと寝かすと中に気泡ができます。こうなったら、もう自然発酵してイーストができかかっているのです。もっと気泡を立たせてから、もう一度小麦粉を足し、揉み返してさらに寝かすと、本当のイーストになってしまいます。

昔、西洋では、パンを自家製にしていましたが、こねた時、一塊を取りのけておいてカマドのそばに置いて発酵させ、それを次のパンをこねる時に「パン種」として混ぜました。

話は逸れますが、パンをこねる時に、生地を台に二百回もたたきつける「パンチング」は、なかなか良い方法だと思います。変な例かもしれませんが、「わさび」をおろした時、細かくおろして、それを包丁の腹でパチンとはたく理由は、わさびの辛味はカラを被っていて、それを割ってやらなくては早く辛くならないからだそうです。パンチングは小麦の澱粉の皮をはがして蛋白質を早くむきだしにするのに良さそうですし、蛋白質が片寄る心配もなさそうです。

「パン種」……パンの素。これを入れることによって膨らむ。自家製のイースト菌。

ついでに麩も作れる

もしも小麦粉を激しく攪拌してしまったら、ついでですから、もう少しやわらかく水を足して、ゴシゴシこね、塊にしたものを水に浸け、水の中で揉み洗いしてみましょう。長時間揉んでいるうちに水は真っ白になり、薄黄色の海綿のようなものが分離されます。

これが「麩」です。塩が多いと、全部流れてしまいます。水を絞って平べったくして加熱すると、「ちくわ麩」のようなものができます。残りの白い水を少しおいて沈殿させ、上水を流し濃くして煮ると、昔、障子張りに使った「正麩」ができます。

また、この「小麦の澱粉」だけをうんと濃くこしらえて、「裏ごし」で漉して蛋白質の塊だけを取り除いたもので「てんぷら」を揚げると、きれいなてんぷらが揚がります。てんぷらのころもを溶く時、「あまりかきまわしてはいけない」のは、中に「麩」ができると、そこだけ堅くなり、おいしくなくなるからです。だから、てんぷら粉は蛋白質の最初から少ない「薄力粉」なのです。

「正麩」……小麦粉の澱粉のみをいう。

うどんを「踏む」

うどん作りでは、パンチングの代りに「踏み」ます。

これは、日本人が靴の代わりにぞうりを履き、家に上がる時に脱ぐので、床がよごれていないせいかもしれません。

うどん店では、こねる時に、一辺に小麦粉一袋、二五キロも大きなコネ鉢に入れてこねてしまいますので、はじめこそ手で水を混ぜ、ゲンコツで撞き固めていますが、それでは間に合わないので、四分の一くらいづつ布にくるみ、その布を絞って団子にしたものをゴザに包み、上から両足のかかとで手前から先の方へ踏み上がって生地を潰します。つぶれると広げて折り曲げ、また布にくるみ、ゴザをかぶせ、三、四回踏むとかなりやわらかくなります。


うどん踏み本縄といふ立姿（柳多留　二・三六）

役人に逮捕され、高手籠手に後手に縄をかけられ、トボトボうつ

「本縄」……正式の手順で罪人をいわく結び方。

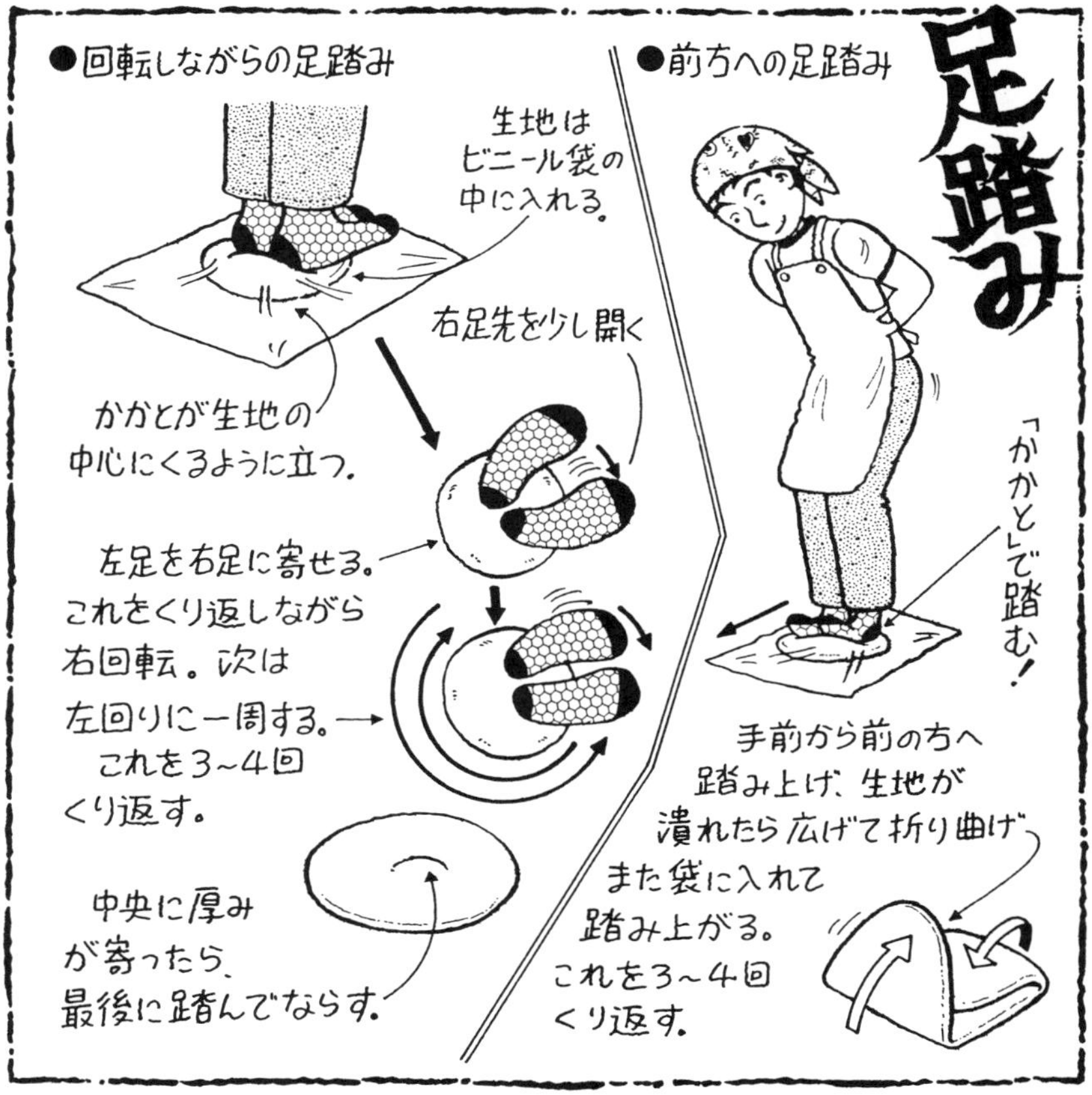
足踏み
●回転しながらの足踏み
生地はビニール袋の中に入れる。

かかとが生地の中心にくるように立つ。

右足先を少し開く
左足を右足に寄せる。これをくり返しながら右回転。次は左回りに一周する。これを3～4回くり返す。

中央に厚みが寄ったら、最後に踏んでならす。
●前方への足踏み
「かかと」で踏む！

手前から前の方へ踏み上げ、生地が潰れたら広げて折り曲げ、また袋に入れて踏み上がる。これを3～4回くり返す。

むいて歩く姿でうどんを踏むわけです。

「足で踏む」から「手打ち」ではないと、江戸時代から区別されております。機械は大正十二年以降に普及し、それも伸ばすのと切るだけのものでしたから、「機械打ち」があったはずはありません。「手打ち」とは「足で踏むような大量を作らず」ということだったそうで、「手打ち」には「自分で直接やる」と「手作り」の同じ意味がありますが、江戸庶民は「手打ち」というと、お殿様自身で直接手を出して「お手打ち」にするという意味より、もっぱら、そばを作ると理解していたようです。

手打だと常世信濃がものはあり（柳多留　一一・三二）

これは、謡曲「鉢木」で、佐野源左衛門常世が松、梅、桜の盆栽を燃やして旅の僧をもてなした時、それよりも手打ちそばをご馳走していれば、庄、三箇所どころか信濃一国もらえただろうにということで、時頼入道を手打ちにしてしまったわけではありません。

「信濃」といえば蕎麦というのは、「信濃では月と仏とおらが蕎麦」という一茶の句が有名であったためでしょうが、江戸市民がふだん

「謡曲鉢の木」……北条執権、時頼が、僧侶の姿で諸国を視察した折、北関東の現在の佐野市の住人、佐野源佐衛門の落剥した陋屋に泊まったが、何の馳走も出来ないので、秘蔵の松、梅、桜の三本の盆栽を薪にしてもてなし、「いざ鎌倉という時には、錆びたりといえ槍、一筋、痩せたりといえ馬一頭は用意してある。」というのを聞き、鎌倉に帰った時頼は、諸国の武者に陣触れをしたが、源佐衛門も遅れず駆けつけたので、褒美に松、梅、桜にちなんだ名前の「庄」（領地）を三つ贈ったという、能の出し物。

佐野の馬戸塚の坂で二度ころび（柳多留　八・一二）

「一茶」……小林一茶、文化・文政の俳人。

食べていた蕎麦は、現在の東京近郊、青梅街道沿いの地域が主で、現在の「中野坂上」の問屋に集められ、江戸に出荷されておりましたが、その中には、はるばる甲州街道をたどってきた信濃のものもあったようです。

江戸の小麦粉は、荒川以北が主で、現在でもうどんの名産地が多数あります。江戸には小麦粉でもきて「饅頭の皮」になったようですが、圧倒的には「そうめん」に加工されて移入されていました。讃岐の小麦粉は「饅頭の皮となして色白し」と『本朝食鑑』という本に書かれています。『江戸自慢』という本によると、江戸の饅頭の皮はたいへん厚かったとのことです。

「本朝食鑑」……江戸末期の「博物誌」。

「江戸自慢」……江戸末期、江戸に出てきた和歌山藩士が書いた、「江戸観光案内」。

そうめんとにゅうめん

小麦粉は、昔は「うどん」より「そうめん」の形で流通していた方が多かったような気がします。「うどん」と「そうめん」の違いは、単に「細い」、「太い」の差だけではなく、「引っ張って細くする」のと、「切って細くする」の違いの方が現在では主になっているようです。「稲庭うどん」は太くて「うどん」と名乗っているものの作り方は引っ張って細くしますし、北陸の「山門そうめん」も引っ張って作り、太いのは稲庭うどんと同じですが、名称は「そうめん」です。小豆島にも太いそうめんがあり「古式」ということになっているようです。

江戸でそうめんがたくさん消費された理由は、大家さんから長屋を借りている店子が、お家賃を持って行くとそうめんが出されたそうで、借家人が大勢いた江戸で、毎月のことですから、東京近在の産業であったようです。そうめんは町方で食べられるだけではなく、「夜鳴きそば」のような「かつぎ」の「そうめん売り」もずいぶんいたらしく、夏には「そーめーん」と涼しげな売り声で売り歩き、冬

「町方」……武家方に対象する町人の世界。

「夜鳴きそば」……「夜蕎麦売り」ともいい、屋台を引き、七輪を積んで、流して売り歩いた。

「かつぎ」……品物をかついで運ぶ人。中でも蕎麦屋の「かつぎ」が有名で、芝居の「助六」に、「福山」という吉原の蕎麦屋の「かつぎ」が登場する。

になると「そうめん」の温かい「かけ」である「にゅうめん」を売り声をうなるように低くして流していたようです。

「にゅうめん」……そうめんを、あたたかい汁の中に入れたもの。

にゅうめんに声かわりするよそは売（柳多留　三・二四）

これでみると、そうめん売りも夜そば売りも同じようです。うどんの振り売りの川柳は見当たらず、浦安のうどん屋は出てきます。「夜鳴きうどん」ははっきりしませんが、「鍋焼きうどん」は明治になってから、東京で屋台で売ったのが始めといわれています。

そうめんは伸ばす前に、手に胡麻油をすり込んで付かぬようにして生地を縒るので、表面に油が付いています。ですから、そうめんを茹でる時に、沸騰した湯にそうめんを入れ、もう一度沸騰した時、湯の表面に半紙を乗せ、油気を吸い取りますし、一年経って「枯れた」ものは油気も飛んでいるので「厄」が抜けたといって珍重しますす。もしも夏に頂いたそうめんが残っても二、三年は賞味期限はありますし、冬でも、「にゅうめん」にすればお昼になります。

「翁にゅうめん」というものがあったと聞いて調べてみたら、「菜を置いたにゅうめん」ということが分かり、ガックリしました。

うどんは伸ばすか、切るか？

ラーメンも伸ばすところを見ると、小麦粉は布状に広げて細く切るより、引っ張って伸ばした方が加工が早いのではないかと思われます。というのも、麺棒で伸ばす時、蕎麦は素直に伸びますが、うどんの生地は押して転がすだけでは縮んできてシワが寄りがちなので、生地を巻きつけた麺棒を少し持ち上げて伸し台に打ち付ける「すかし打ち」をします。こんなところから、そばもうどんも「打つ」といわれるようになったのかもしれません。うどんの生地はよく寝かさないと引っ張っても押しても伸びにくいのです。

切るうどんの時には、踏んだ生地を一個一キロくらいの固まりに包丁で切り分け、伸し台の上でころがすようにまとめ、表面をなるべくきれいにして丸太のような形に作り、それを甕の中に積み重ねて寝かしますが、そうめん状の麺を作るところでは、水回しした生地を高さの低い「たらい」に平均に入れ、それを搗き固めてから幾つも積み重ねて寝かします。

「すかし打ち」……トントンと台にたたきつけるような伸ばし方を関西ではすかし打ちという。

「稲庭うどん」ではお殿様に献上するのであるからと、踏むことをしませんから、大変です。

たらいで寝かされた生地は、べったりした丸い座布団のようです。それに外側から小さな包丁で、幅三センチくらいの紐が出来るように渦巻き状に中心まで切り込みます。そこで少し寝かし、こんどはそれを端から両手で縒り、縄くらいの太さにしながら小桶の中にきれいにとぐろを巻かせます。大勢で、口は空いていますからにぎやかにおしゃべりしながらの作業です。冬の農作業のない時の副産業でもあったのでしょう。

縒られた生地は今度は長さ四〇~五〇センチ、太さ二センチ足らずの樫の棒が平行に三〇センチ程の間隔で差し込まれ、抜けるようにはなっているものの、ぐらつかないしひっくり返らない台で、二本の棒の間に「綾架け」に、棒の両端を持てるだけ残して巻きつけられます。

棒に生地を巻きつけたまま抜き、稲庭ですと、それを台の上に平らに乗せ、二倍くらいに伸ばしてから上から太い、短い麺棒で軽く平らにします。すると、生地は平べったくなります。それをさらに高さ一五〇センチほどのやぐらで上と下にその棒が差し込めるような穴が幾つも空いている「干し台」の上の穴に一方を挿し込んで、一気に下へ引っ張り、下の穴へ差し固定して乾かせば出来上がり、と、口でいえば簡単ですが、見事な手練です。

細いそうめんですと麺棒で平らにせず、棒に巻きつけたものを伸ばすのは同じですが、真ん中にもう一本棒を入れ、折り返しては引っ張って細くしていくのは、ラーメンが手で振り伸ばしながら、二つ折りを繰り返して細くしていくのと同じです。

しかし、手で振るより広がったままですから、端が団子になりにくいので合理的かと思います。

これも試してみるとなかなか面白いでしょう。

ラーメンでしたら準強力粉に「かん水」のボーメ一五度くらいの水を入れてこねるのも寝かすのも同じです。

「緘水」とは「天然ソーダ」の水です。「長崎チャンポン」にも天然ソーダが入りますが、こっちの方は「唐灰汁（とうあく）」と呼ばれています。真っ白いきれいな板状の結晶です。

「かん水」……中国では、自然物であるが、日本では工業的にこしらえているようです。

「唐灰汁」……長崎地方で、灰汁を煮詰めてこしらえた結晶。

伸ばす前の生地を作る

寄り道ばかりしておりましたが、生地も寝て、伸ばしやすくなっているということで伸ばし始めましょう。

「伸し台」の上によく「打ち粉」をすりこみます。「打ち粉」とは中身は「蕎麦粉」で、そば粉を売っているところで手に入れられます。「乾物屋」さんでも置いているところもあります。

「黒い（色のついた）」蕎麦粉ではなく、「真っ白い」蕎麦粉です。これは、「蕎麦粉澱粉」といってよいでしょう。真っ白いので、うどんに付けてもよごれませんし、片栗粉より水を吸わないのでベタベタせず、茹で湯も汚しません。小麦

「打ち粉」……蕎麦粉を挽く時に、「一つの品種」として別にふるいわけた粉。

生地
伸ばす生地の量は、400グラムがちょうどよいでしょう。
（茹でると、3～4人前になる）
打ち粉を伸し台にふる。
伸し台
打ち粉（中身は真っ白な蕎麦粉）
打ち粉はまんべんなくすりこむ。

粉を使うと、表面がベタベタするのは片栗粉と同じですから、うどん屋でも「蕎麦粉の打ち粉」を使っています。

柔らかくなっている生地は、伸し台の上でころがしただけでツルツルの肌になります。そのままころがして棒状にすると、「アレ！　このまま引っ張るか？」と考えたくなるような状態になります。試しに細くなった生地を持ち上げて両手のひらで縒るように力を入れると、どんどん細くなります。引っ張ってラーメンを作るならそれでもよいのですが、まず「布状」に伸ばす練習をします。

一辺に伸ばす生地の「量」は、作業しやすいのと、場所の広さの制限から、「粉、四〇〇グラム」がちょうどよいでしょう。うどんは、茹で上げますと、粉の重量の「三倍」になりますから、これで三、四人前です。

うどん屋風に丸太のような生地にするのでし

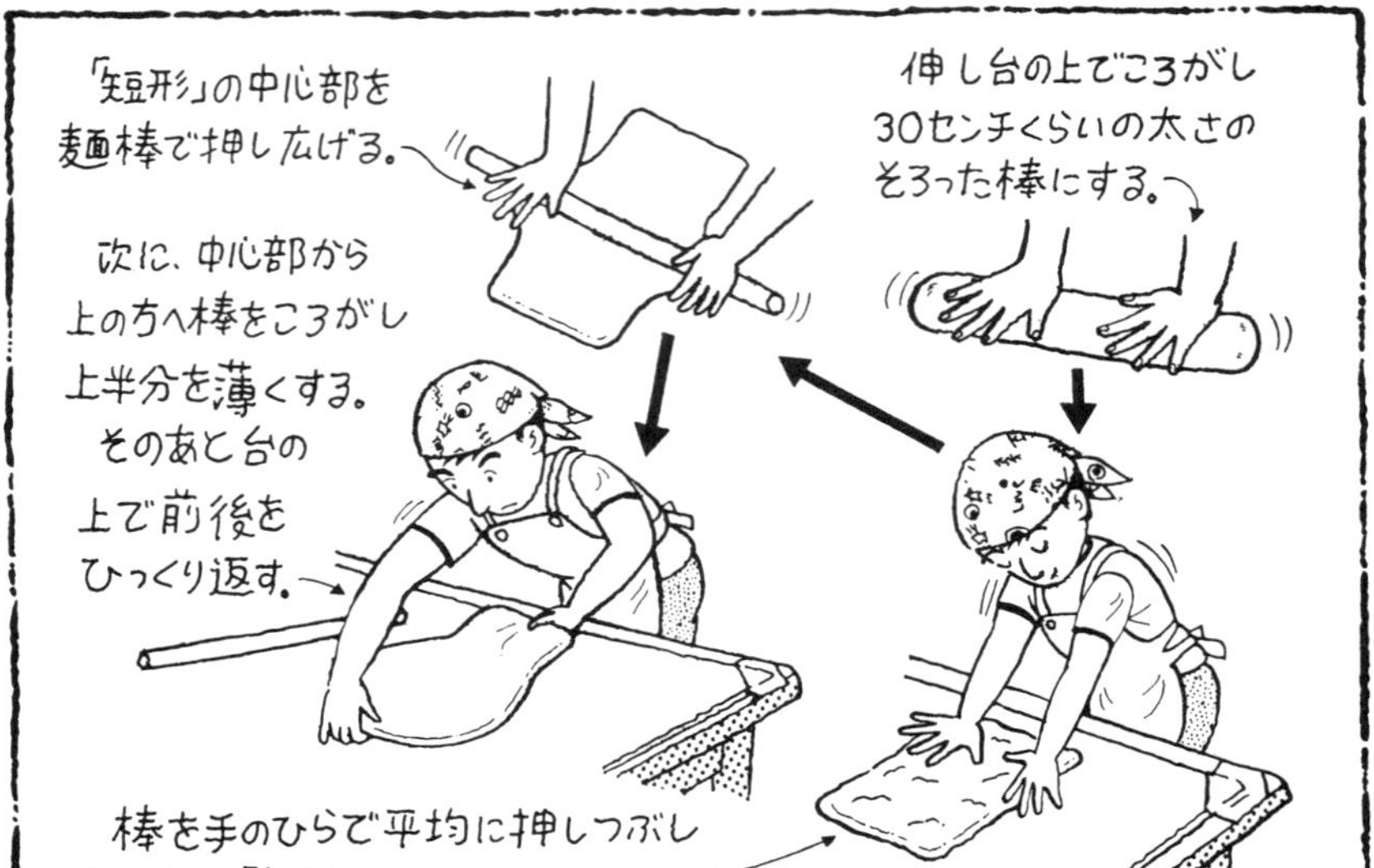

「短形」の中心部を
麺棒で押し広げる。
伸し台の上でころがし
30センチくらいの太さの
そろった棒にする。
次に、中心部から
上の方へ棒をころがし
上半分を薄くする。
そのあと台の
上で前後を
ひっくり返す。
棒を手のひらで平均に押しつぶし
なるべく「短形」にする。

たら、伸し台の上でころがしながら、「長さ三〇センチ」くらいの太さのそろった棒にします。

　それを手のひらで平均に押しつぶして、なるべく「矩形」にします。それから麺棒で、中心部を押し、広げます。それから中心部から上の方へ棒をころがし、まず上半分を薄くし、台の上で前後をひっくり返し、今度は残った厚い方を同じように平らにします。前後とも端の方は厚く残るようにします。

　どうしても、楕円形っぽくなりますから、今度は、端の方だけの左右を交互に麺棒で伸ばして、「角がトンガル」ようにし、「四角」な、全体が平均した厚さになるように工夫します。

　これが「角出し」です。厚さはそこでなるべく薄く、六、七ミリ以下にしておくとあとの作業が楽です。

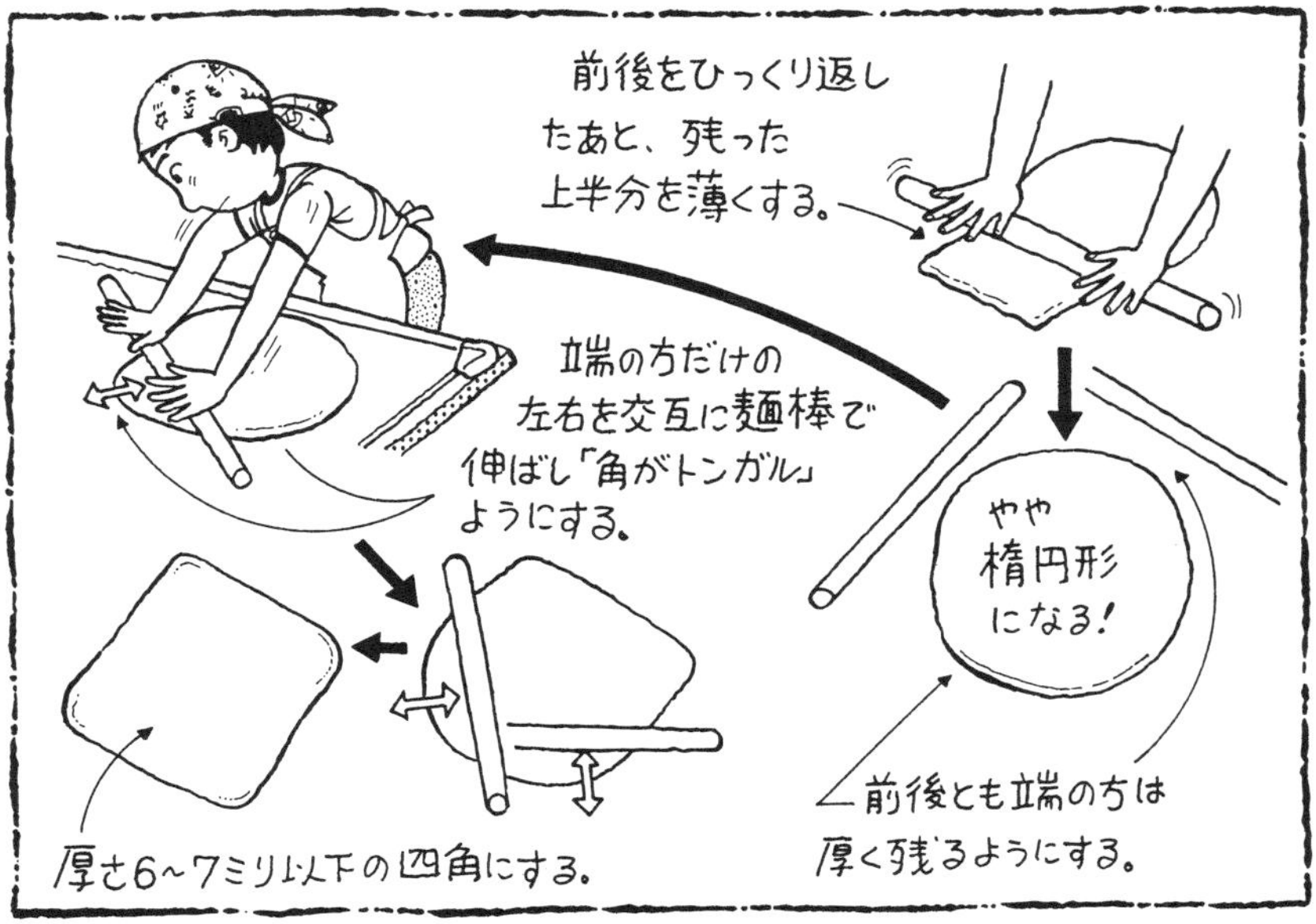

前後をひっくり返したあと、残った上半分を薄くする。

やや楕円形になる!

前後とも端の方は厚く残るようにする。

端の方だけの左右を交互に麺棒で伸ばし「角がトンガル」ようにする。

厚さ6〜7ミリ以下の四角にする。


「角出し」……手打ちの作業の一つ。

ツラ出しから角出しの練習

「蕎麦風」の「くくり」ですと、柔らかくなった生地を、こね鉢の中でも伸し台の上でもできますが、「生地の外縁部を生地の中心部に折り、集める」作業になりますこれは、位置を順次移動させて最終的には「円形」にしますので、蕎麦をもむ「木鉢」のような、周りが円形で傾斜しているものの方が「コロガシ」やすいのです。

この時、うどんでしたら、あまり力を入れてはいけません。コロコロころがし、**「おそなえ」のような形**にします。中心部にクレーターがありますから、これを無くすために、表面がきれ

「くくり」……纏め上げる作業の名称。

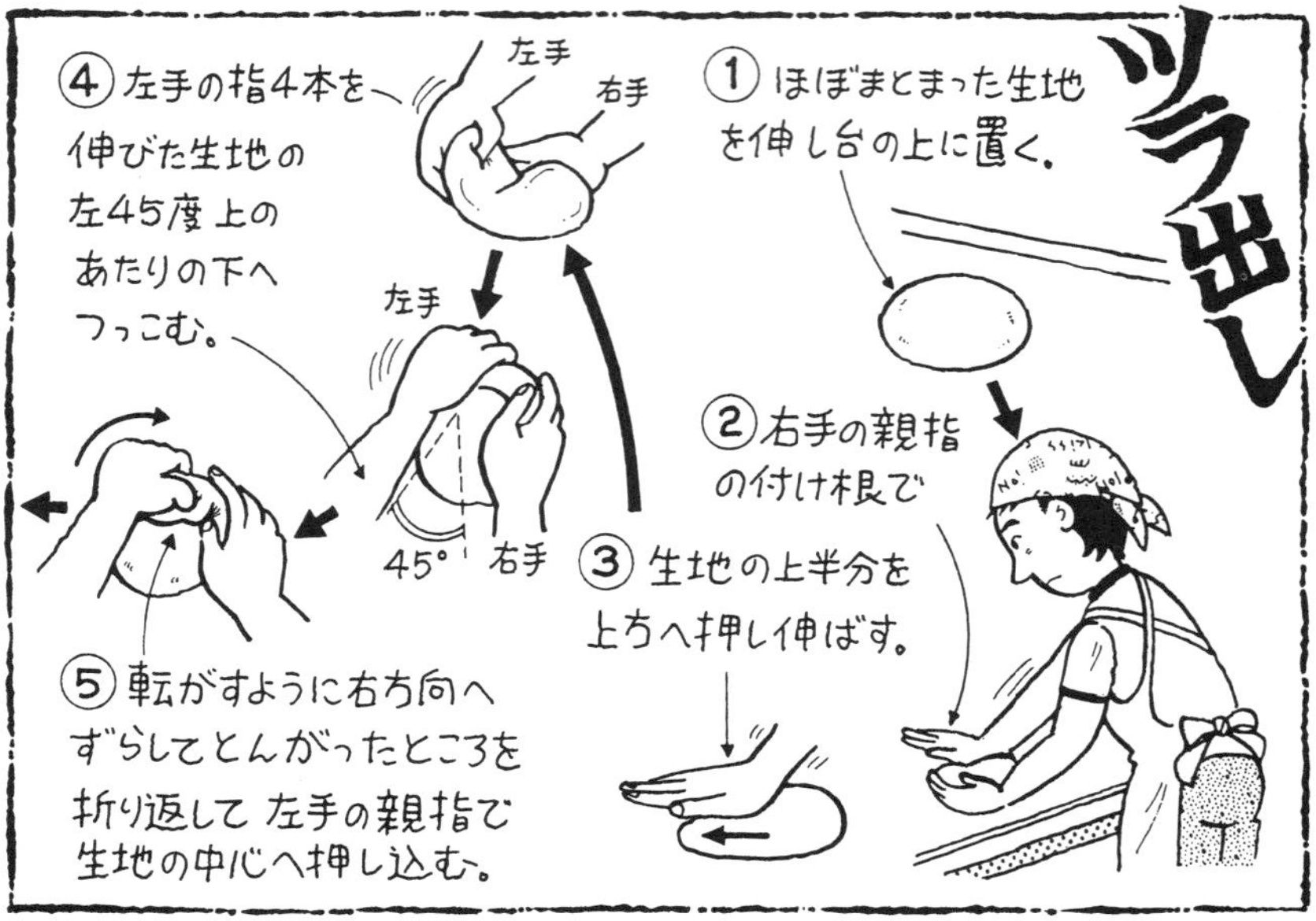
ツラ出し
① ほぼまとまった生地を伸し台の上に置く。
② 右手の親指の付け根で
③ 生地の上半分を上方へ押し伸ばす。
④ 左手の指4本を伸びた生地の左45度上のあたりの下へつっこむ。
左手
右手
左手
45°
右手
⑤ 転がすように右方向へずらしてとんがったところを折り返して左手の親指で生地の中心へ押し込む。

いになったら（これを「ツラが出た」といいます）おそなえを横に立てて、クレーターの部分を中心にコロコロころがし、ヒョットコの口のようにとんがらせるとクレーターもとんがって「落下する滴」のような形になって消えてしまいます。

それをひっくり返して、「気球が降下」するように、尖がり部分を真下にして台の上に押し付け、「ユラユラ揺らしながらあまり力をいれずに押しつぶして、再度「おそなえ」にします。すると、キズが無くなるばかりか、中の気泡も押し出されます。

ひっくり返してみると、今度は、クレーターも無く、きれいな底になっているはずです。これを、手のひらで平均に平らに押しつぶします。これを「丸出し」といいます。

これを図で示しますと、

① ほぼまとまった生地を伸し台の上に置き

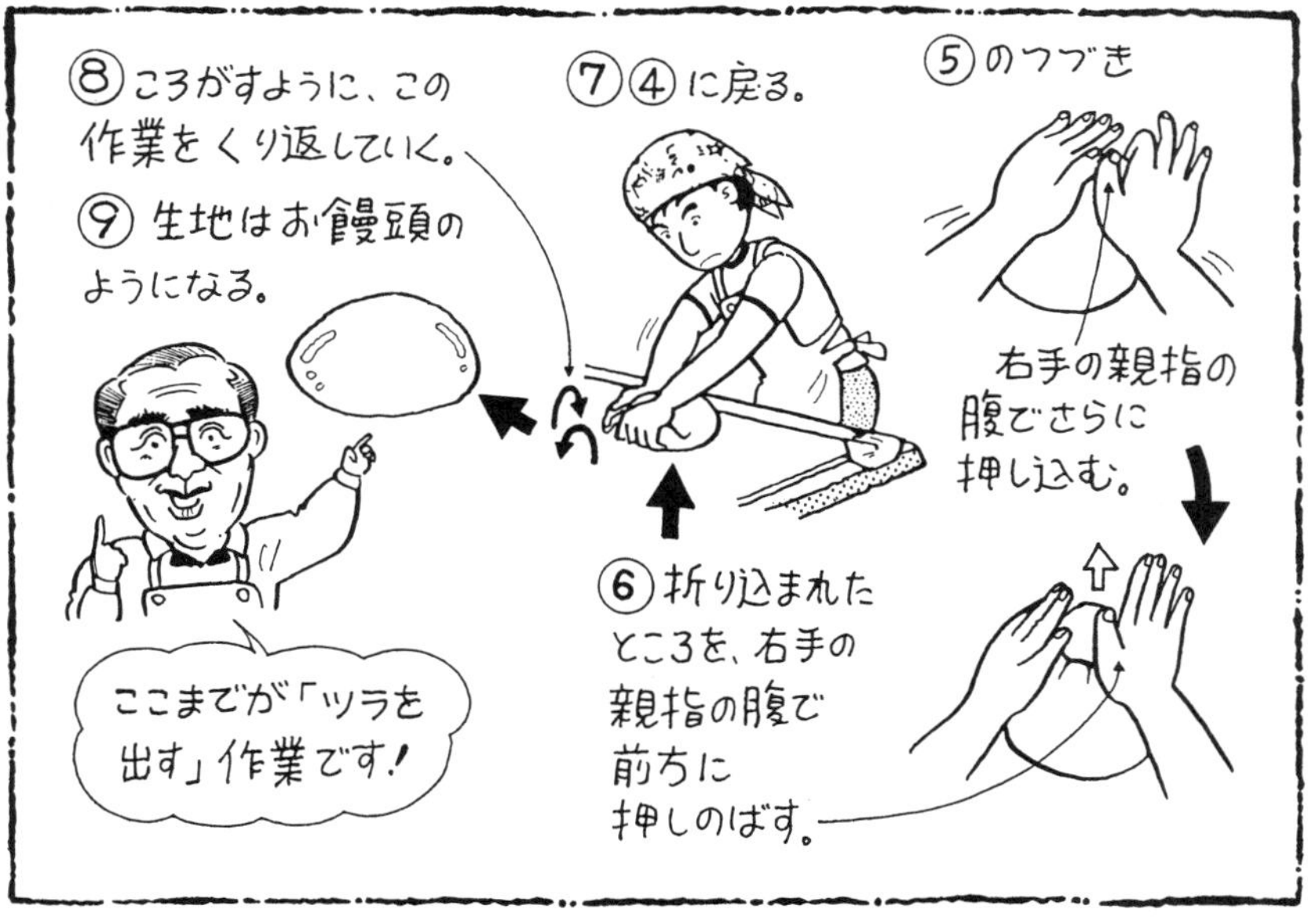

⑤のつづき
右手の親指の腹でさらに押し込む。
⑥折り込まれたところを、右手の親指の腹で前ちに押しのばす。
⑦④に戻る。
⑧ころがすように、この作業をくり返していく。
⑨生地はお饅頭のようになる。
ここまでが「ツラを出す」作業です！

「丸出し」……丸くする作業の名称。

②右手の親指の付け根で
③生地の上半分を上方へ押し伸ばす
④左手の指四本をその伸びた生地の左四五度上のあたりの下へつっこみ
⑤転がすように右方向へずらしてとんがったところを折り返して左手の親指で生地の中心へ押し込みながら、右手の親指の腹でさらに押し込み
⑥折り込まれたところを、右手の親指の腹で前方へ押しのばす
⑦④に戻る
⑧だんだん力を抜きながら、ころがすようにこの作業を切り返しているうちに
⑨生地はお饅頭のようになる
ここまでが「ツラを出す」作業です。これを「出尻る」と「ヒョットコ」になります。
練習には、そこでまた生地をバラバラにして

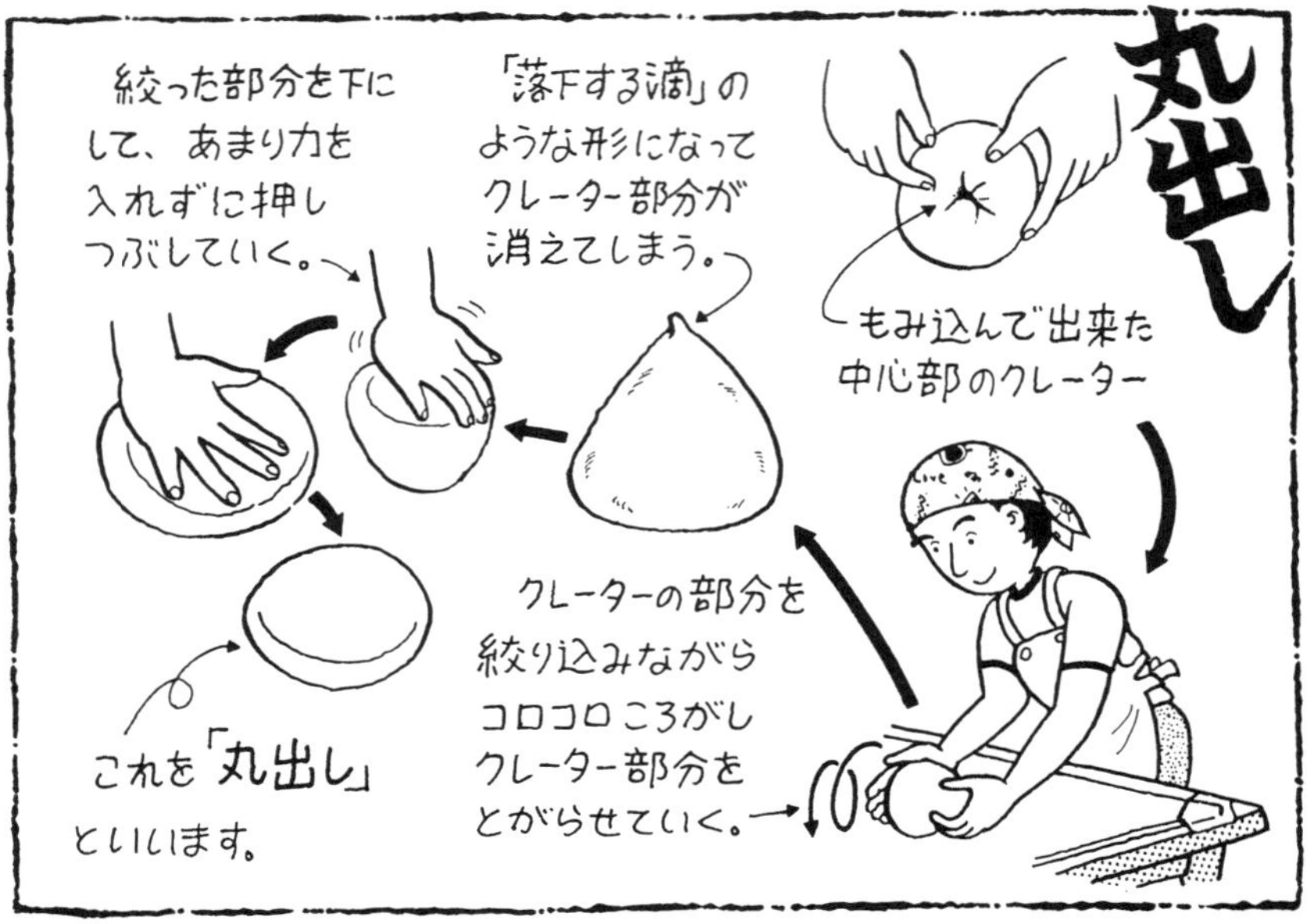

丸出し
もみ込んで出来た中心部のクレーター
「落下する滴」のような形になってクレーター部分が消えてしまう。
絞った部分を下にして、あまり力を入れずに押しつぶしていく。
クレーターの部分を絞り込みながらコロコロころがしクレーター部分をとがらせていく。
これを「丸出し」といいます。

からもう一度ざっとまとめ、「ツラ出し」のはじめに戻り、「でっち上げ」ます。これは小麦粉だから反復練習できるので、蕎麦粉ではそうはいかないのです。

ある程度練習したら、こんどは「丸出し」の練習をします。これも何回もくりかえします。飽きてきたらその円盤の裏表に「打ち粉」をすり込んでから麺棒で、まず**円の中に「四角」があると想像して**、その四角の外側の円周の部分に麺棒をあてがい、その部分を伸ばします。するとそこだけ「トンガッテ」きます。次に「トンガリ」を真下に時計周りに針を進め、上になった円周をまたトンガラせれば、今度は菱形になります。さらに半分回してトンガッテいない両端も麺棒でのばすと、菱形は「四角」になります。これが「角出し」です。なるべく上手に「真四角」になるよう練習します。

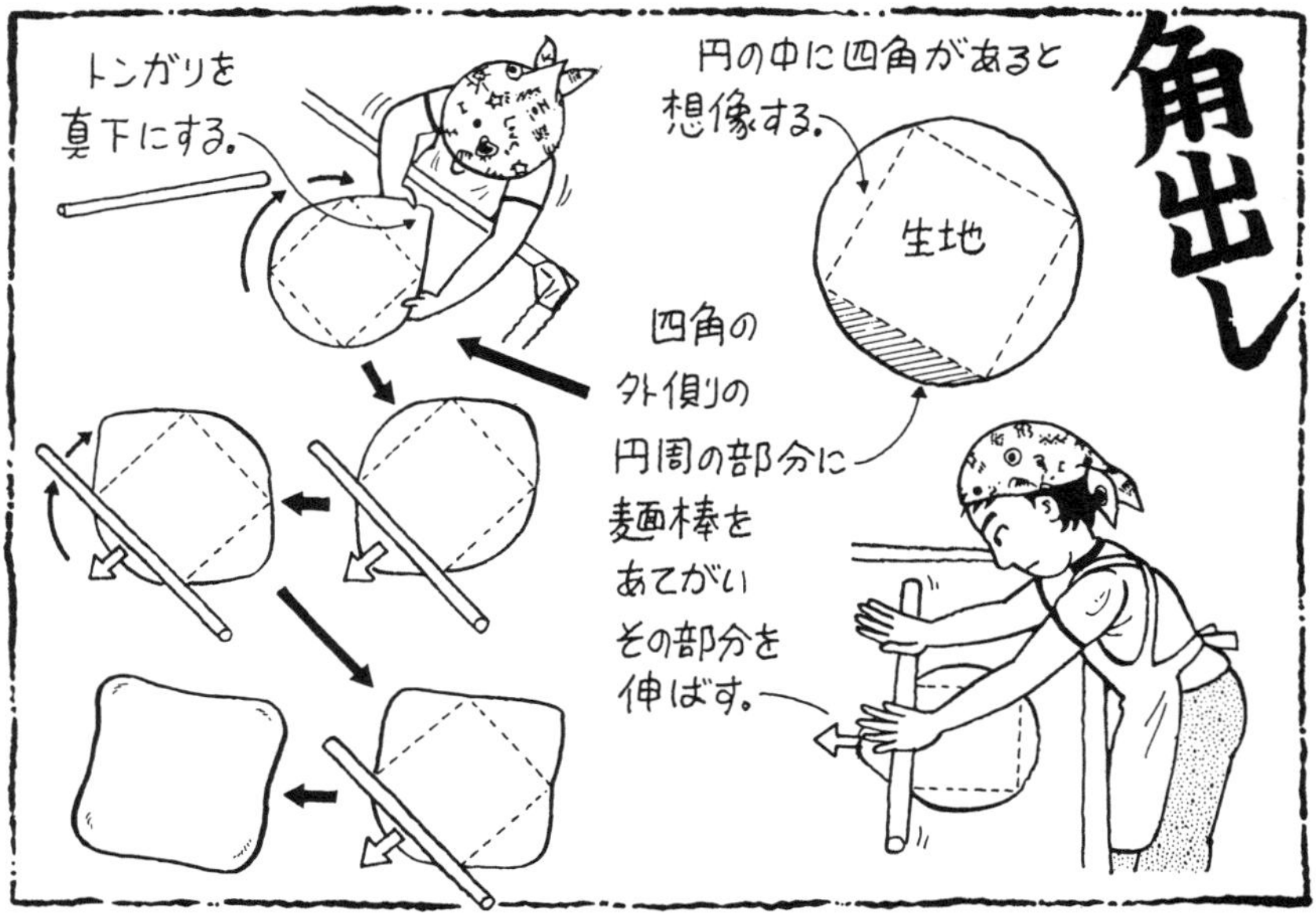
角出し
トンガリを
真下にする。
円の中に四角があると
想像する。
生地
四角の
外側の
円周の部分に
麺棒を
あてがい
その部分を
伸ばす。

平均に伸ばすためのコツ

「角出し」の作業は、練習の時ばかりでなく、本番のうどん作りでも同じにして大丈夫です。

全体を平均な厚さの「四〇センチ角」の布にすれば大成功です。これは、「幅出し」という作業で、薄くしているうちに幅も広がりますから「伸ばす麺棒一杯」の幅に生地がなるようにします。今は「小さな生地」を「短い麺棒」で伸ばしますので「五〇センチ」なのです。営業店では、蕎麦でも、一度に二、三キロこなします。それでも麺棒の長さは九〇センチですから、「幅は九〇センチ以下」で「長さ」は「所定の薄さまで伸びるまで」で、二メートル近くなることもあ

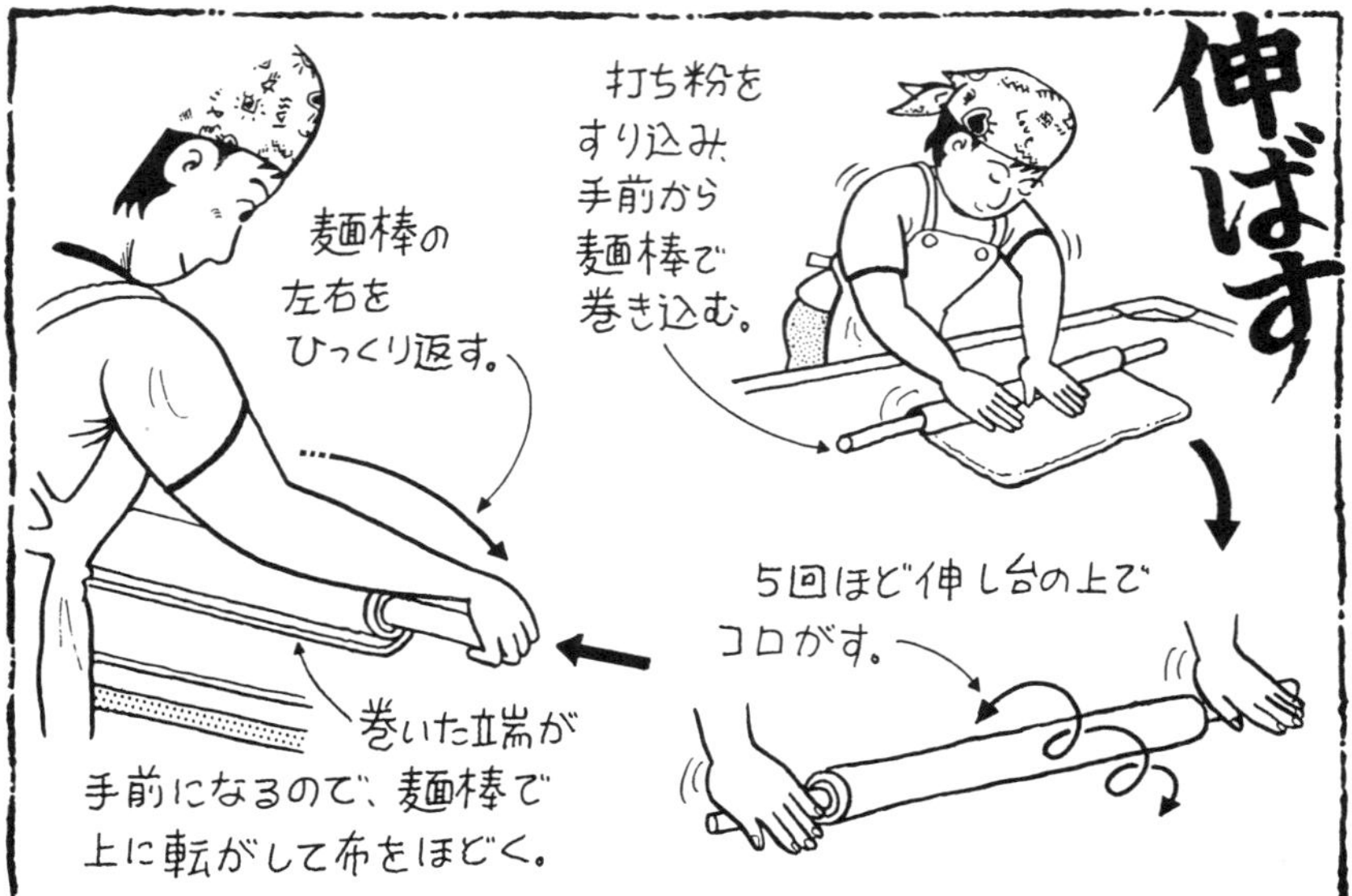

伸ばす
打ち粉をすり込み、手前から麺棒で巻き込む。
5回ほど伸し台の上でコロがす。
麺棒の左右をひっくり返す。
巻いた端が手前になるので、麺棒で上に転がして布をほどく。

「幅出し」……伸ばす幅を決める作業の名称。

ります。

　そこにまた打ち粉をすり込み、一方から麺棒で巻き込んでいきます。

　そして、まず、五回ほど伸し台の上でコロがします。

　麺棒の左右をひっくり返して、巻いた端が手前になるようにしてから麺棒を上に転がしながら布をほどきます。

　すると、麺棒に初めに巻かれた中心部の方が、外側より薄くなっていることに気付かれるでしょう。また打ち粉を打って、今度は反対側から巻き込みます。つまり、「厚い方」を今度は中に入れて薄くしてやろうというわけです。

　このように、「伸ばし」は「内側」の方が倍も伸びるのです。ですから**内側と外側を交代させ**、平均に伸ばすのです。ここで、間違っても「横」に巻き、**方向を変えてはいけません**。蕎麦が切れ、短くなる原因になります。

量が多くなると、「角出し」の時にも麺棒で巻いて菱形にしますが、その時、張り切り過ぎると最初のところだけ余計にトンガッテ、反対側がそれほど伸びず、イビツになってきれいな四角にならなくなることが多いので、伸ばし初めの時、最初の「コロガシ」はアッサリとし、早く反対に巻き代えて一方だけを薄くし過ぎないようにしましょう。

それから、伸ばす時に、手の位置が問題になります。麺棒の両端に手が置かれ、平均に力が入れられていれば、全部平均に伸びます。片方が強ければそっちの方が余計に伸びます。麺棒の中心部に両手を置いて転がすと、真ん中だけが余計伸びます。要するに、手に近いところが力も入りますから、余計に伸びるのです。

それから、麺棒で伸ばす時、指の先で生地の布にキズを付けないように、気を付けます。「**指を全部反らせる**」か、「コブシ」にして、手のひ

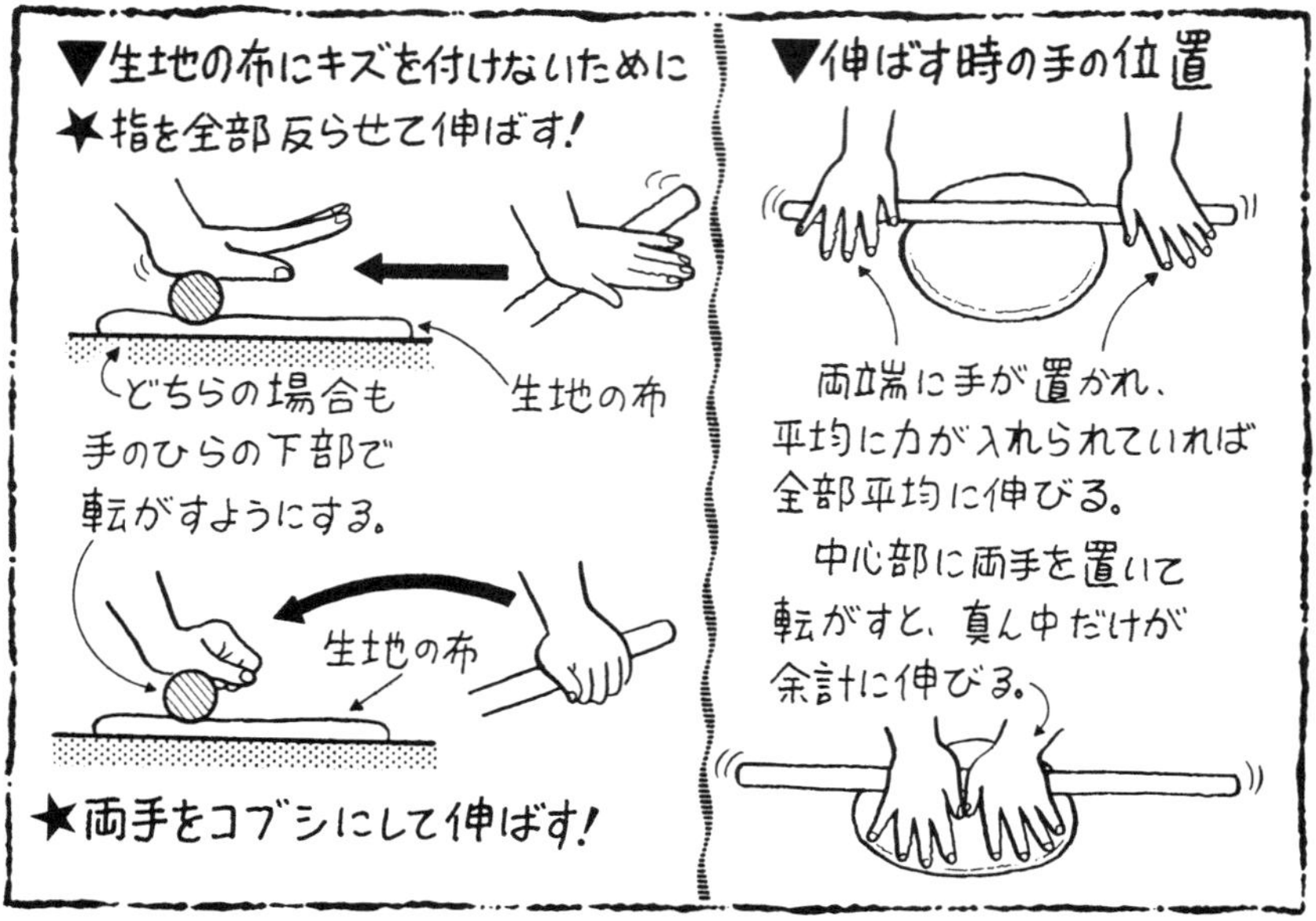

▼生地の布にキズを付けないために
★指を全部反らせて伸ばす!
どちらの場合も
手のひらの下部で
転がすようにする。
生地の布
生地の布
★両手をコブシにして伸ばす!
▼伸ばす時の手の位置
両端に手が置かれ、
平均に力が入れられていれば
全部平均に伸びる。
中心部に両手を置いて
転がすと、真ん中だけが
余計に伸びる。

らの下部で転がすようにします。これは、慣れないとかなり手のひらが痛くなる作業です。ですから、引っ張って伸ばす方が楽に早くたくさんできるというわけです。

どこまで薄くするかは、本人の根気と手のひらの痛さとの相談ですが、「きしめん」などは、生地を透かして新聞が読めるくらいです。蕎麦の職人は「伸し」の方が骨が折れるので、そばの太さを「切り平二十三本が御定法」などと、「伸ばした厚さ」よりも「切った幅」の方が薄い「長方形」のそばを認めさせておりました。

うどんには極太もありますから、きしめん以外は、四角に切るつもりで厚さも決めればよいでしょう。きしめんは「伸し平」です。

ただし、太くなると茹で時間がかかります。時間は「太さの二乗に比例する」ことになっていますから、太さが二倍になると茹で時間は四倍、三倍だと九倍ということです。

「切り平」……伸ばした厚みより、狭く、薄く切ること。伸しより、切る方が作業が楽であるので、楽な方を「御定法」にした。
「伸し平」……切った幅より、伸した厚みの方が薄い場合。

生地を畳んで切る

ムラなく伸ばし、平均の厚さの布になったら、打ち粉をたっぷり打ちます。これは、切った時に「口が開きやすい」からです。包丁が切ると同時に粉も割り込むからでしょう

この布を畳みます。どう畳んでも良さそうなものですが、うどんはともかく、そばではこの「畳む方向」を間違えると短くなってしまいます。なぜなら、麺棒で押し伸ばされた時、なめらかに伸びているようでも、麺棒の圧力で麺棒と平行にキズがついているからです。これは、虫眼鏡で見ればすぐ分かります。キズは布の端から端までつながっています。ですから、このキズに平行に切ればキズに触りませんが、このキズを「横切って」切れば、そこで完全にバラバラになり、短くなってしまうのです。

ですから、切る作業の前の手順である「伸し」の時に、「四方八方に伸ばす」のではなく、まず「幅出し」で十分な幅の布にしておく必要があり、幅が決まったら薄く伸ばすのは「横方向」ではなく、「前

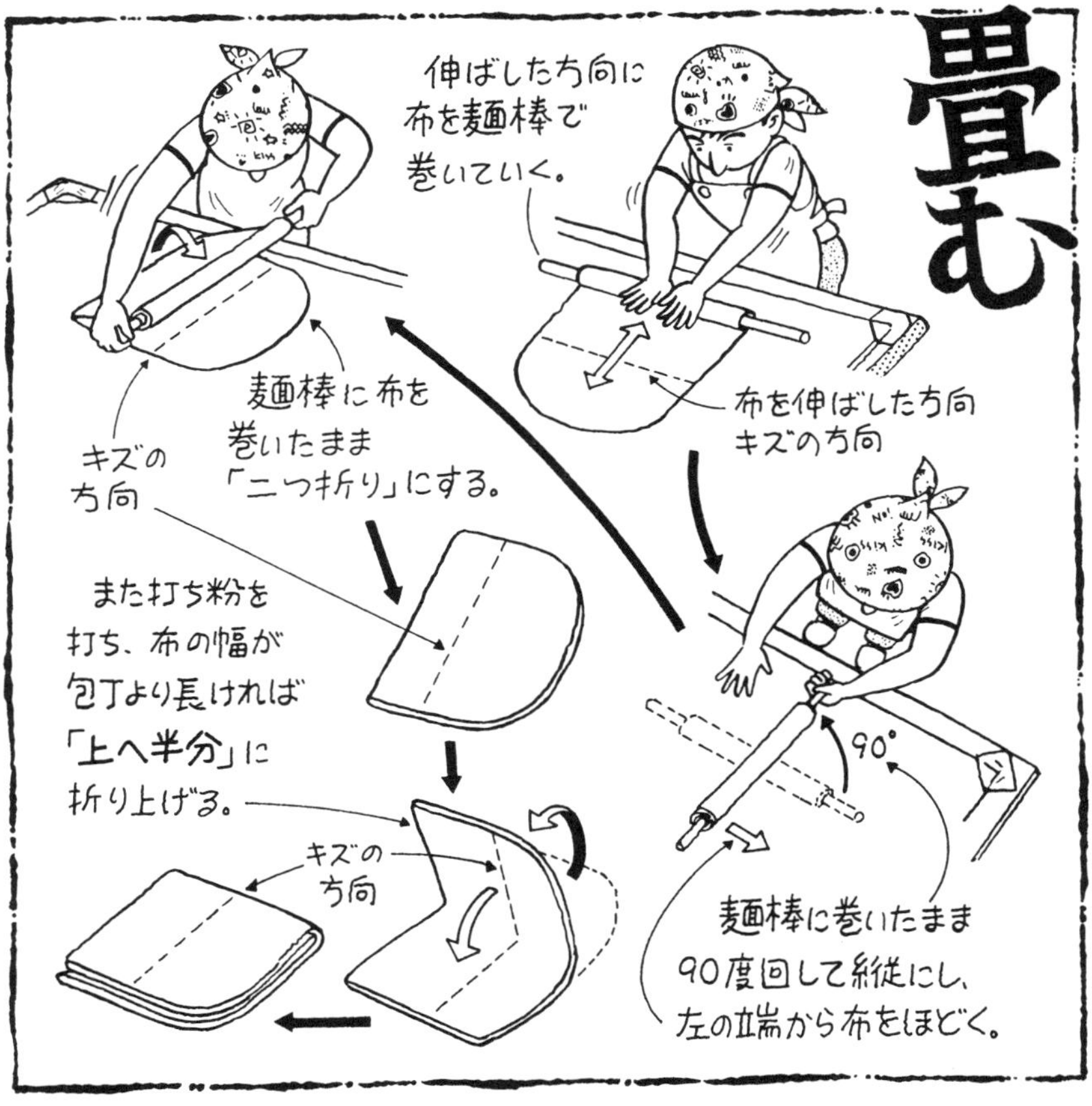

畳む
伸ばした方向に
布を麺棒で
巻いていく。
布を伸ばした方向
キズの方向
麺棒に巻いたまま
90度回して縦にし、
左の端から布をほどく。
90°
麺棒に布を
巻いたまま
「二つ折り」にする。
キズの
方向
また打ち粉を
打ち、布の幅が
包丁より長ければ
「上へ半分」に
折り上げる。
キズの
方向

後の方向」だけに伸ばすようにし、麺棒が付けるキズの方向を一方にしておく必要があるのです。

こうしておくと、「麺（そば）の長さ」は「幅」と同じかその半分（なぜなら「生地」をもう半分に畳みますから、そこに「折り目」ができて切れやすいからです）に仕上がります。

営業店では九〇センチの麺棒の幅一杯に布を作り、それを四つに畳みますから、できたそばの長さは九〇センチの半分かまたその半分の二二～二三センチになるのです。

そこで、昔から「**うどん一尺、そば八寸**」といわれているし、波多野承五郎さんが不満の「七、八寸にしかならない」そばでも仕方がないのです。小麦粉が入りますと、しなやかさが増し、折り目の厚い方はキズが付かなくなりますから、倍の長さはできます。

「手打ちそばが、つながらない」といわれる方の最大原因は、この「切る方向」です。それは「伸ばす方向」と「畳む方向」が間違っているせいです。

ですから、「畳む」には、薄くなった布を麺棒に巻いたまま麺棒を九十度回して縦にし、左の端から布をほどき、「伸し台」より長くなるようなら途中で麺棒に巻いたまま折り返し「二つ折り」にします。

すると、生地のキズも縦になっていることになります。

そこでまた打ち粉をたっぷり打って、目の前の布の幅が包丁より長い時には「上へ半分」に折り上げます。

営業店では、「幅」は九十センチですから、半分に折り、それをさらに半分に折り上げると布の幅は二二～二三センチになっていますから、「蕎麦切り包丁」も「二四センチ（八寸）か「二七センチ（九寸）」で包丁の幅に収まり、できたそばもその長さというわけです。

うどん屋さんは、もっと幅を狭く畳むところもあり、八重にも畳み、厚さが六、七センチもある生地を裁ち落としているところもあります。その場合は「手小間」で「小間板」は使いません。

しかし、薄く畳んであれば、「小間板」があった方が早く（手小間でも手練では早いのですが）上手に切れます。

畳んだ生地の上に小間板を軽く乗せ、駒を生地の畳目の右端に揃え、まず一番右端を切り落とします。ここは折り返されて袋状になっていますので、捨てるわけです。

それから小間板を切り口に真っ直ぐに揃え、包丁も駒に真っ直ぐに当て、ちょっと捻って小間板を左に送り、生地の顔を出させます。


「手小間」……いわゆる「猫の手」で、指を丸め、その指の腹に包丁をすべらせて切っていくこと。

この、ひねり方で麺の幅も決まります。「小間板」は、どちらかというと、「細く切る」方に向いています。

なるべくリズムに乗って切る方が同じ幅に切れます。切っている時、包丁の先の部分に力を入れるような気持ちで切ると、先が「薙刀の刃」のようにひねれません。先端からやや押し切りにします。大量に切る時には、切った麺の幅が一〇センチ近くなったら、包丁の先端をその切った麺線の下に突っ込んですくい上げ、別のところに移します。

四〇〇グラムの生地でも、四つくらいの束にして、一束が一人前と思って下さい。

切り続けていて気をつける点は、畳んだ生地がだんだん斜めになっていくことと、終わりに近くなると、生地の残りが少なくなり、小間板が傾くことです。

普通、小間板は、指でおさえるのに、万一包丁を高く引き上げ過ぎて、駒を越え、反対側の方へ落とすのに気を付けるために、指は駒から少し離しておさえますが、少なくなってきたら、指の位置を駒にくっつけ、駒の真下に力が入るようにすると、最後まで包丁が真っ直ぐに落とせます。

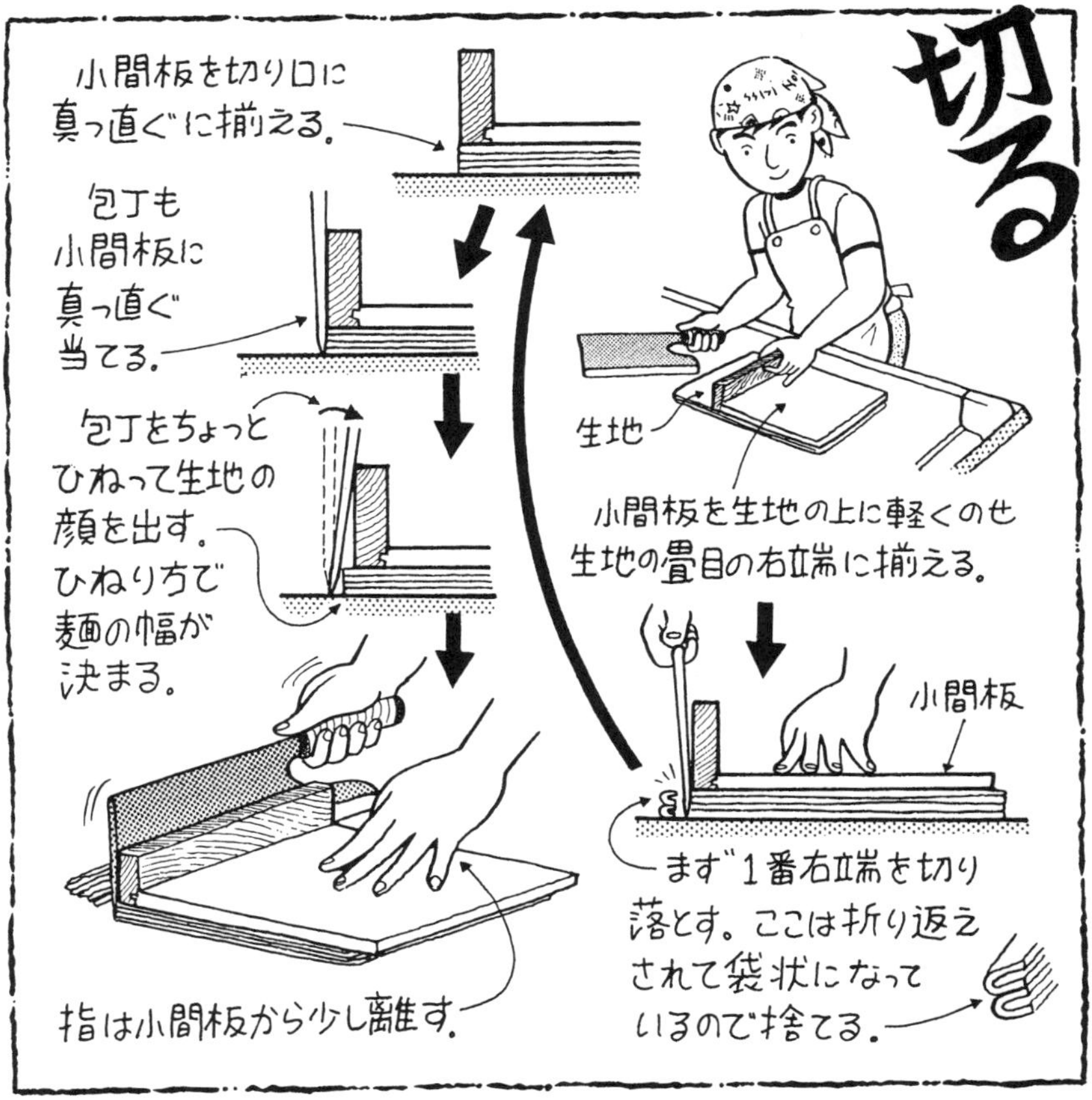
切る
小間板を切り口に
真っ直ぐに揃える。
包丁も
小間板に
真っ直ぐ
当てる。
包丁をちょっと
ひねって生地の
顔を出す。
ひねり方で
麺の幅が
決まる。
指は小間板から少し離す。
生地
小間板を生地の上に軽くのせ
生地の畳目の右端に揃える。
小間板
まず1番右端を切り
落とす。ここは折り返え
されて袋状になって
いるので捨てる。

切り終わった麺線の処理

切り終わって別に取り除けられている麺線に打ち粉を打って、一束を軽く持ち、伸し台に軽く叩き付け、「口を開け」ます。麺線を一本一本バラバラにするのです。

すぐ食べるのでしたら、束をつるし上げて打ち粉をはらい落とし、湯が沸騰していたらすぐに茹ではじめます。**湯の量は、「茹でる麺の十倍」**と思って下さい。つまり、一度に四〇〇グラムの麺を茹でてしまおうと考えているのならば、湯は最低でも四リットルは必要で、沸騰すると泡がたくさんたちますので、鍋は六リットル入りくらいのものを用意しておいてください。

すぐに茹でないのでしたら、蓋が密閉できる容器に入れて冷蔵庫にしまっておく方が無難です。そのままおいておくと、発酵が進んで黄色くなり、麺も短くなります。

きしめん屋さんや、北関東のうどん処では伸ばす時、太さ一センチくらいで長さは六〇センチほどの樫の棒を使い、切り終わるとそ

「麺線」……麺を細く切ったものを、業界では麺線という。

「口を開ける」……切った麺線がくっつかないように、バラバラにすること。

の棒に麺線を引っ掛けて乾燥させます。半乾燥させるとおいしくなるのです。そのかわり塩を利かせておかないと、発酵が進み過ぎると同時にダレて細くなったり長くなったりします。「塩加減」はそうした異変を防ぐためで、暑くても寒くても、いつでも同じ長さの麺が仕上がるような塩加減になっています。だから「秘伝」なのです。

冷蔵庫にしまう代りに、干してみるのも一興。干すには、魚の干物もそうですが、塩を利かせておかなければいけません。暑い時より、冬の方が無難ですが、「凍みうどん」にしても大丈夫です。なぜなら、たくさん作り過ぎた時には、切った束をなるべく薄くラップの中に広げ、きっちり閉じて冷凍しておくとずいぶん持ちます。

冷凍しておいた麺は、「自然解凍」してから茹でます。茹でてから冷凍するより、生での冷凍をお勧めします。そばの生も、家庭用の冷蔵庫で冷凍できます。ただし、そばの場合は、冷凍庫でも乾燥するのですから(フリーズ・ドライ)ピッチリ密閉できる容器に入れて冷凍した方が短くなりません。蕎麦というものは、うどんと違って、グルテンの力でつながっているのではなく、「水に溶けた糊」でつながっているのですから、水がなくなると切れるのです。その点、何か「つなぎ」が入っていれば、その心配は少なくなります。

「凍みうどん」……凍らせて乾燥したうどん。

「自然解凍」……自然に放置しておいて冷凍状態を終わらせること。時には、水がしみだすから、下に紙などを敷いておいた方がよい。

たっぷりの湯で茹でる

うどんでもスパゲッティーでもそうですが、塩が含まれているものは茹でる時は、湯量が多くないと早く茹だりません。その理由は、「茹でる」という現象は、「水を含ませながら加熱して、澱粉を糊化する」ことで、水が早く十分にしみ込み、熱せられないとなかなか茹で上がらないのです。

塩がたくさん含まれていると、その麺線は、湯の中に入れられると塩分が「浸透圧」で湯の中に溶け出します。すると、そこに「スキマ」ができ、留守宅にお湯が侵入するのです。

ところが、湯が少ないと、茹で湯にはすぐにたくさんの塩分が溶け込んでしまったことになり、湯の中と麺線の中の塩分が釣り合ってしまうと、もう、塩は流れだしません。つまり、塩は麺線の中にいつまでも残り、湯がしみ込まないので、茹で上がりが遅くなります。

もっとも、水に溶けやすい塩のことですから、永久に流れ出ない

「浸透圧」……二つのものの、内容の濃度の差で、濃い方から薄い方へ流れ出す時の圧力。

ことはありませんが、時間をかけ過ぎると、塩だけでなく「澱粉」も流れだしてしまいます。

澱粉が流れだすと、「歩留まり」が悪くなります。肌も荒れますし、旨味も流れだしてしまいます。製麺業者はこの歩留まりを問題にしますが、家庭では「より早く茹でる」ことを考えた方がよいでしょう。

「茹で上がり」の目安に「まだ塩気が残っているところ」というのもあり、食べてみて、「わずかに塩気が感じられる」くらいで、十分に柔らかくなったところを茹で上がりとしますが、塩が抜けないといつまでも堅く感じられます。

生のうどんをいきなり味噌を溶いた湯で茹でるような「ほうとう」や「味噌煮込みうどん」などは、うどんを作る時に塩を利かせてしまってはいつまでも「歯ごたえ」のある、いわば「生煮えの糊化していない」状態から進展しません。茹で上がりには、「麺線の中の水分が七五%になった状態」ということになっていますから、あまり濃い味噌だしで茹でるのも「水分不足」になりがちです。

うどんはこねる時にすでに五〇%の加水がしてあります。こねているうちにその一割くらいは蒸発するようです。あと三〇%水分を

「歩留まり」……製品が、原料の何%に仕上がるかということ。

「味噌煮込みうどん」……名古屋地方の家庭料理。

含ませて、「糊化」するには湯温が高くても必ず何分かは時間がかかるものですから、早く湯を含ませて、早く全体に温度を行きわたらせる必要があります。

麺が太いと湯がしみ込む距離が長いので、「糊化」に時間がかかります。この時間は小麦粉によっても差異があり、うどん粉はメリケン粉に比べて糊化して「最高粘度」に達する時間が短いのです。薄力粉でも「澱粉の糊化速度」はうどん粉より遅いのですが、こちらは蛋白質が少なくても湯の中に浸されるより焼かれることが多いので、旨味が溶けて流れだす心配はありません。

うどんを茹でるということは、湯をしみ込ませながら温度を上げることですから、**麺が湯の表面に顔を出さぬように**「落とし蓋」をするとか、うまく「返る」ような湯の流れを作るとかの工夫が必要で、あまりボコボコと沸騰しては余計溶けださせるので、噴きださない程度の、沈まない程度の「火加減」が一番適しています。

では、どこまで茹でたら良いか？　近頃では「麺製品」の全てに「何分」という表示がありますが、手作りの麺は御自分でこしらえたのですから自分で判断しなければなりません。

一番確実なのは『蕎麦全書』に書かれている秘伝で「食い候いてみ

「最高粘度」……澱粉がどの位の粘りがあるかを測定する時、もっとも粘りが強くなった時の数値。澱粉によって差がある。

「糊化速度」……澱粉が可食状態になる、いわゆるアルファー化をするのに、澱粉によって必要時間が違い、それに要する時間の早さを表示する数値。

「落とし蓋」……木製で、ナベの直径より小さく、茹で湯の表面に浮いている、煮物用の蓋。

て」が確かです。しかし、入れてすぐに食べてみても生なのは分かっていますから、「茹だったか?」の目安はたてておかなくてはいけないでしょう。

一番簡単なのは、湯の中の麺線が、見て「透き通って見えた」ならば、「割り箸」のような少しざらついた箸で何本か引っ掛け上げ、その麺線がずるずると垂れ落ちてしまううちはまだ食べてみず、箸にひっかかったままになったらさまして食味するとよいでしょう。

澱粉が糊化してねばりが出てきたわけで、後は、「まだ芯がある」とか、「まだ堅い」と判断すればよいのです。箸に並べた麺線を一重にして透き通らせて見て、**「芯が絹糸一本」になったところが茹で上がり**です。きしめんのように平べったいと芯はありません。そうした時は「アル・デンテ」の状態と「塩気が抜けきる寸前」で判断します。まだ塩気がたくさん感じられたらもう少しで、茹で湯が少ないといつまでも塩気は抜けません。

小麦粉の生煮えは消化が悪いのです。「歯ごたえ」があっては、讃岐風の飲み込むうどんになりません。

「アル・デンテ」……イタリア語。スパゲッティーは茹で上げ後水で締めないので、上手に処理しないとふやけてしまうのが、いつの間にか早茹でのことになった。「歯ごたえ」のこと。

茹で上げ後の処理

うどんが茹で上がったら、そこで直ぐに食べてしまうか、後で食べるかで、茹で上がり後のうどんの取り扱いが違います。

（一）、**そのまま直ぐ食べてしまう**

これにも幾つかのパターンがあります。

（イ）讃岐の「釜あげ」風に食べる。

これは一番簡単で、一番最初にうどんを手作りした時に向いていています。というのは、茹で上がりを皆で今か今かと待っているのですから、できたとたんに食べてしまおうというのです。

用意するものは、もちろん「丼」と箸、あとは「生醤油」、「玉子の黄身」で、あった方がよいのは、お好みで「薬味ねぎ」、「削り節」、「刻み海苔」、「おろししょうが」といったところです。

食べ方は簡単で、茹で上がったうどんを「パスタ摘み」か、おしゃ

「釜あげ」……茹であがって、釜から出したばかりの状態で食べること。

「生醤油」……「きじょうゆ」、普通の醤油をそのまま使うこと。

釜あげ風
茹で上がったうどんをすくい上げ湯をよく切りながら、丼によそいます
パスタ摘み
うどん掬い
うどんを入れた丼の真ん中に、玉子の黄身を落とす。
生醤油を大さじ一杯ほどかける。
あとは、かきまわして食べるだけ
おいしい!!

もじに杭を何本も植えつけた「うどん掬い」、なければ箸で苦労してうどんだけを茹で湯の中から丼に、湯をよく切りながらよそい、玉子の黄身を真ん中に落とし、生醤油を大さじ一杯ほどかけ、かきまわして食べる、といったやりかたです。お好みで薬味を入れて、すすり込むと、讃岐の人にいわせると「一升でも食べられる」し、「うどんが胃袋までつながっている」ように食べられるものだそうですが、やってみると、一番おいしい食べ方かもしれません。

（ロ）「ほうとう」や「けんちんうどん」で食べる。

これは、うどんが茹だったら、茹で湯の中に「ほうとう」なら「カボチャのほうとう」で。カボチャはあらかじめ薄切りにして電子レンジで柔らかくしておき、人参も輪切りにして、あとは長ねぎ、ごぼう、と何でも有り合わせの野菜を入れて野菜が柔らかくなるまで煮、そこへ白味噌を溶いて味をつければ「ほうとう」、炒めておいた野菜と豆腐を入れて煮込めば「けんちんうどん」、肉をいれるのでしたら「鳥肉」です。こうした茹で湯ごと食べる場合、こしらえるうどんには塩を入れないようにしないと、味が塩辛すぎるようになります。ですから、むしろ、うどんは茹でておいて、汁は野菜だけ煮て、後からうどんを入れる方がよいでしょう。

（ハ）スパゲッティー風にして食べる。

うどんが茹だりそうになったら、フライパンに、みじん切りにした玉ねぎとにんにくを入れて炒め、そこに小さく切ったベーコンも入れてアッサリ炒め、カルボナーラ風にするのなら玉子の黄身がいるから黄身を用意し、白身があまるともったいないから別にしておき、うどんが茹だったら、茹で湯の中からうどんだけ摘み上げてフライパンに移し、オリーブ・オイルを加え、あまっている玉子の白身も入れてしまい、よくかきまわして白身を散らし、炒め終わったならば少し冷めてから玉子の黄身が煮えないようにすばやくからめ、お皿に取り分ければ出来上がり、といったところです。

（ニ）すぐに食べるが「冷たい」方が良い場合

「釜あげのもり」もなかなかイケます。これにも「和風」と「冷やし中華風」があります。

その場合は、うどんが茹で上がったら水洗いをします。茹でたうどんが入るだけの大きさの笊を流しに用意し、茹で上がったうどんが入っている鍋を笊の上で傾け、うどんを茹で湯ごと笊に流し込みます。茹でた鍋に水を張り、笊の中のうどんを笊ごとその鍋の水に浸け、ザッと持ち上げて湯を切り、鍋の水は熱くなっていますからこぼしてまた冷たい水を張り、そこへ笊を浸けてまた持ち上げることを三回ほどすると、うどんは冷めてきます。

そうなったらまた水を代え、今度は水を出しながら笊の中のうどんを手のひらで揉み、ゴシゴシ擦って揉み洗いをします。良くできたうどんでしたら、肌が流れだしたりしないで光ってきます。洗い終わったうどんの断面が「鼓型」になっていればそのうどんはおいしいに決まっています。

こうして水洗いすると、余計な「ぬめり」がなくなるばかりか、うどんが締まって含有水分も少なくなり、置いておいても「ふやける」度合いが少なくなります。

余計な水分は早く飛ばしてしまいたいので、茹で上がり、洗い終わったうどんは一人前づつ「玉」にし、「簀の子」の上に並べます。食べるまで時間があるようなら、一時間ほど経ったところでうどんの玉の「天地」をひっくり返して下を上にする「簀の子返し」をします。すると、水分はさらに飛び、保存しやすくなります。

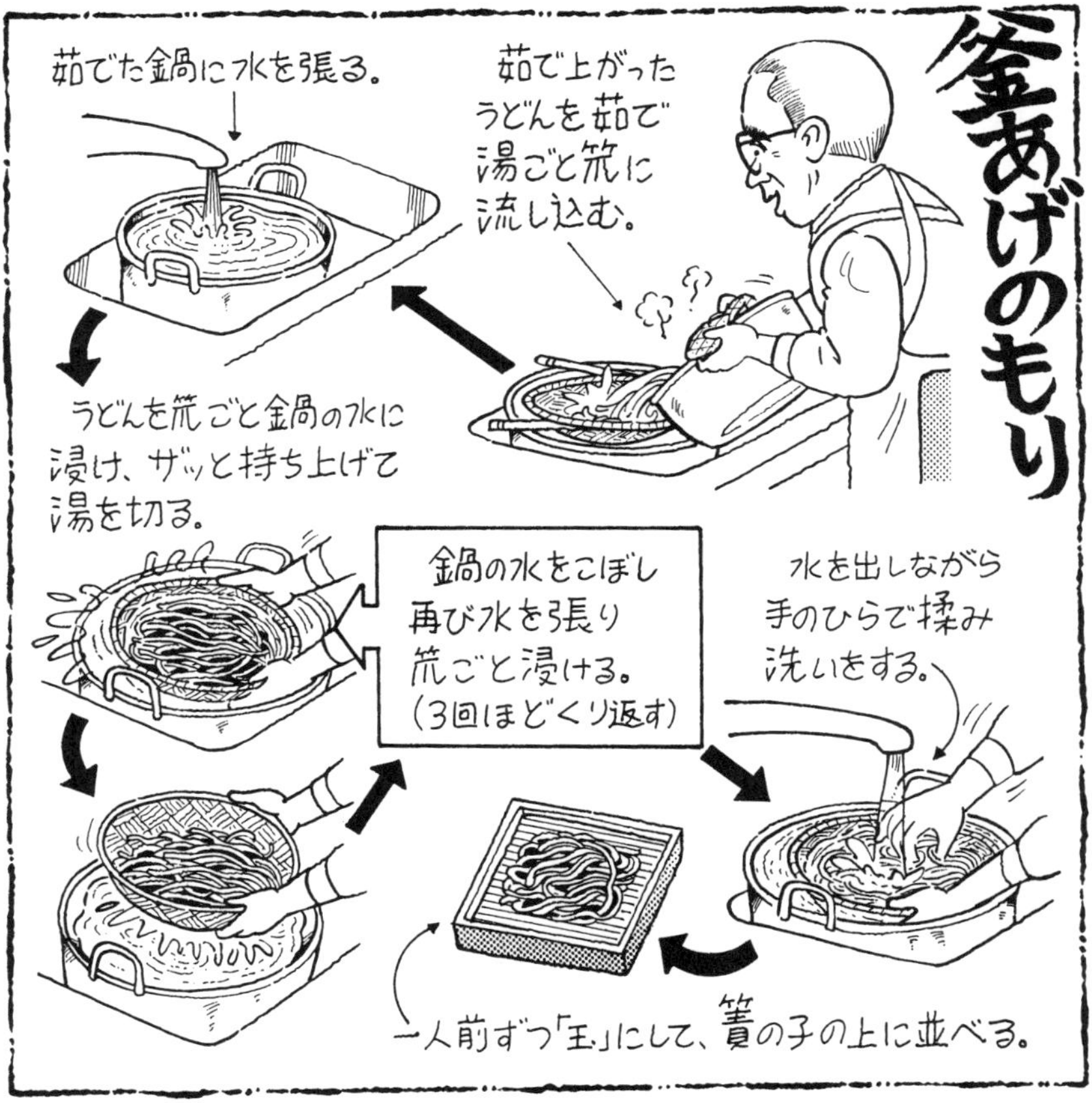
釜あげのもり
茹でた鍋に水を張る。
茹で上がったうどんを茹で湯ごと笊に流し込む。
うどんを笊ごと鍋の水に浸け、ザッと持ち上げて湯を切る。
鍋の水をこぼし再び水を張り笊ごと浸ける。(3回ほどくり返す)
水を出しながら手のひらで揉み洗いをする。
一人前ずつ「玉」にして、簀の子の上に並べる。

うどん玉を熱湯で再茹で

茹で上がって「玉」にしておいたうどんを、一時間も経ってから食べる場合は、このうどんは「再茹で」した方がおいしく食べられます。なぜなら、茹でて「アルファー化」したうどんの澱粉が食べておいしくない「ベーター澱粉」に劣化しているからです。澱粉は、生ですと消化器で吸収できません。熱で煮るなり焼くなりすると吸収できるようになります。生のままで食べて胃袋が受けつけるのは「蕎麦」の澱粉と「山芋」だけということになっております。蕎麦粉は「雲水」が何時も持っており、山中などでお腹がすくと谷川の水で溶いただけで食べられるし、山芋はご存知の「とろろ」になります。

そのほかの澱粉はよく茹でるか焼いておかないと体内を通過してしまいます。茹でられた澱粉は「アルファー澱粉」になります。ところが、これは水分が一〇％以上あると粘りのない「ベーター澱粉」になり、消化も悪くなりますし、食べてボソボソしおいしくありません。これは、水分が三〇～六〇％の時、つまりうどんのような場合

「雲水」……漂泊している僧、雲や水のように留まることなく流れる。

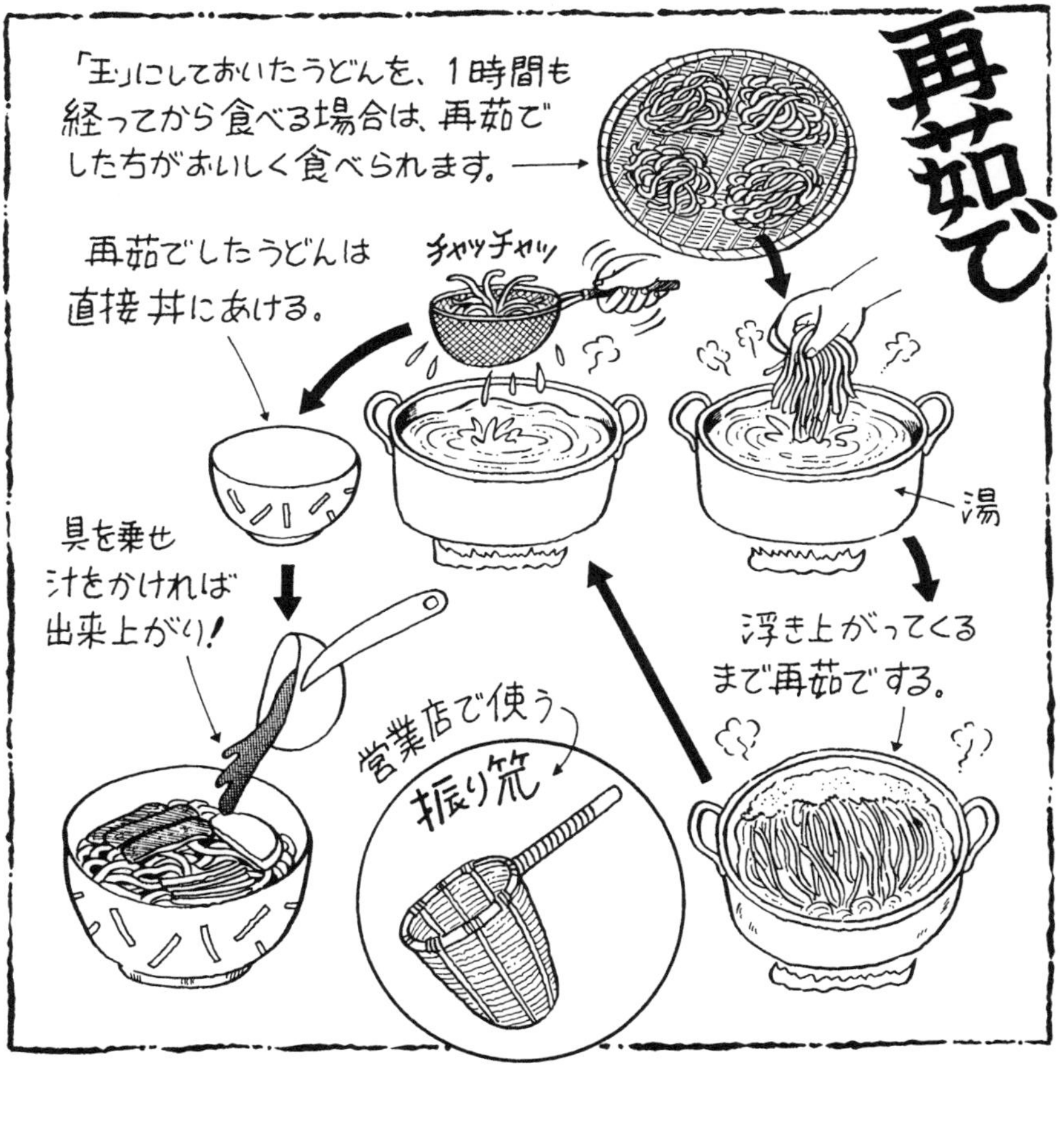
再茹で
「玉」にしておいたうどんを、1時間も経ってから食べる場合は、再茹でした方がおいしく食べられます。
再茹でしたうどんは直接丼にあける。
チャッチャッ
湯
浮き上がってくるまで再茹でする。
具を乗せ汁をかければ出来上がり!
営業店で使う
振り笊

に一番早く、防ごうとして冷蔵庫に入れると、温度がゼロ度から四度くらいのところが一番劣化が早いのだそうです。

こうしたベーター澱粉も、もう一度熱湯で加熱するとまた「アルファー澱粉」に戻ります。熱湯をかけたくらいでは駄目で、鍋に沸かした湯の中で泳がせて、浮き上がってくるまで「再茹で」します。営業店では「振り笊」という「筒型」の笊にうどん玉を入れ、それを釜の熱湯にしばらく浸け、浮き上がるまで放置します。家庭でも、小さなステンレスの丸笊などを鍋に沈めてもよいのですが、うどんが流れ出してしまうでしょうから、むしろ熱湯の中で泳がせてから、もう一度捕まえた方が無難です。

再茹でしたうどんは、直接丼にあけ、具を乗せ、汁をかけて出来上がりです。鍋ものに入れるうどんでしたら、再茹での必要はありませんが、こうした冷たいうどんを冷たいままで食べようとしたら、面倒でも、こうした再茹でをしたものをもう一度冷水で冷やして冷たくするという手間をかけなければなりません。

ですから、営業店で「うどんもり」を注文すると、本当は「うどんの熱もり」で、冷たい「うどんもり」は手間がかかるのでなかなか出てきませんが、それは我慢していただくほかありません。

「うどんのあつもり」……大阪では「雲六（うんろく）」という。

うどんの汁

うどんは、汁をつけて「もり」風に食べるのでしたら、市販の「そばつゆ」でもさしつかえありませんが、「きつねうどん」とか、「けいらん」といった関西風の食べ方をしたいのでしたら、「そばつゆ」を薄く延ばしても合いません。

関西風の「おだし」でしたら、「江戸つゆ」より難しくありませんし、あれは出来たてでないとおいしくないし、「かえしを寝かせる」などという必要もなく、即席で出来ますから、試してみられても面白いでしょう。

必要な材料は、「鯖節」の薄削りと「淡口醤油」、「昆布」です。量は、こうした汁は一人前「三六〇ミリリットル」必要ですから、四人前で一・五リットルですが、蒸発したり、鯖節に吸い取られたりして量がへりますので、「一人前五〇〇ミリリットル」のつもりでお湯を沸かします。

鍋に水を張り、火をつけたら、そこへ昆布を、昔ですと重量で一

「けいらん」……東京で「かきたまうどん」という、葛を溶いた汁の中に卵をおとした品物の関西での呼び名。

「鯖節」……「ゴマ鯖」を原料にし、干して、燻したもの。

「淡口醤油」……関西で作りはじめられた醤油。色は薄いが、塩分は多く、旨味が少ないので、少量でも塩気がのる。

〇〇グラム、今風ですと四グラム入れ、湯が沸騰してきたら昆布は取り出し、そこへ鯖の削り節を七〇〜八〇グラム入れ、再度沸騰してきたらアクを取り、出しガラと分けて「しろだし」を作ります。関西でも、昔はこの鯖節をいれた湯を三〇分沸騰させ続けて、だしを引きました。

しかし、家庭では量が少ないので、三〇分も沸騰させつづけるとお湯がなくなってしまいますから、すぐに分けるとよいでしょう。東京の蕎麦屋の「出汁」は、四十五分から長いところでは二時間煮出します。

関西では、「味がつけられていない出汁」を「しろだし」といいます。「しろだし」がとれたら、その「しろだし」の十分の一の「淡口醤油」を入れると、だいたい出来上がりです。もっと薄い方がよいのなら、「しろだし一四、対、淡口一」でも食べられます。好みで砂糖を小サジ一杯足してもよいでしょう。

淡口醤油がなく、濃口醤油で代用しようとしたら、濃口醤油は淡口より塩分が一割以上少なく、旨味成分はずっと多いので「塩気」が感じられませんから、「八対一」から「九対一」にする必要があります。

「しろだし」……関西では、「だし」というと塩味がつけられたものをいい、昆布や鯖節を湯で煮出したものは「しろだし」と区別する。

「濃口醤油」……普通の醤油をいう。全国で作られ、醤油の全生産量の九割近くを占める。

本格的に「だし」を引くのは大変手間がかかり、技術もいります。最近では食品メーカーが本格的な「だし」を濃縮し、少量でも家庭で使えるようにスーパーなどで販売しており、中には「しろだし」的なものもありますから、御利用なさるとよいでしょう。

しかし、保存料として、自然の塩分や甘味をたくさん加えてありますから、その分を割り引いて、処方に従ってお使いになるとよいでしょう。以前は、こうした「だし本体」は販売されておらず、良くて「粉末だし」でした。それが、パックの技術が発達した結果、少量でも「だし」がすぐに手に入るようになりました。ご家庭のお料理にも利用できます。

「粉末だし」……だしを引くのには、手間と技術がいるので、家庭用に開発された、だしと同じ効果があるとされる食品。

種物は好みで自在に

この「だし」ができていれば、後は簡単です。味を加えるところはほとんどありません。

「きつねうどん」は、油揚げを湯に通して油抜きをしたものを市販のそばつゆで煮ておき、だしを沸かして、長ねぎを「南蛮ねぎ」に切ったものを入れて煮て、油揚げを温めたうどんの上に並べ、汁をかければ出来上がり。

「てんぷらうどん」も、てんぷらを汁でコトコトッと煮たものをうどんにかけるだけ。

「鳥南蛮」は、汁に南蛮ねぎを入れて、煮え立ったところへ鳥肉を入れてさらに煮上げたもの。

「カレー南蛮」は、そこにカレーのルウを溶かしたもの。

「親子南蛮」は、鶏肉と卵。

と、「南蛮」というと、長ねぎを六センチくらいに輪切りにし、それをさらに三つくらいに縦に裂いたものをいい、これを「油で炒め」

「南蛮ねぎ」……長葱を長さ六、七センチに輪切りにし、それを縦に三、四回裂いた葱のこと。

「カレー南蛮」……大正期に、東京の蕎麦屋が開発し、はじめは関西で売ってみた種物。

種物
うっまえ~!
きつねうどん
鳥南蛮
カレー南蛮
てんぷらうどん
「だし」さえ
できていれば
急場の時でも
相手の好みに
合わせて自由
自在って
わけです!
けいらん
だし

ないと本当の南蛮じゃないとか、「ねぎのことを南蛮という」とか、やかましいことをいうこともあります。

「けいらん」というのは、関東の「かき玉」のことで、汁を鍋にかけたところへ、熱くならないうちに「水溶き葛」でトロ味をつけて、そこへかき回した全卵を流し込んだというだけのものです。

ですから、営業店では、汁さえこしらえておくと、お客様の御注文も一人前づつサッお出しできるのです。

融通が利くうどん

こうした食べ方からみても、うどんは融通が利きます。食べ方だけではなく、うどん用の小麦粉自体も、大変融通が利くのです。まず「内地産小麦」が良いといっても、それにこだわりません。それこそ「強力粉と薄力粉を半々に混ぜ」てもできます。「ワキシ・コーンスターチ」といった、粘りをだす澱粉を「調整品」として入れて、「よりおいしいうどん」をこしらえています。

「ワキシ・コーンスターチ」……とうもろこし澱粉。

なぜ、こうしたことになったかといえば、うどんの本当の味が一九五〇年代から分からなくなってしまったからです。戦後の日本にはアメリカ産小麦が配給され、それを「そば店」が「委託加工」してうどんにして小麦粉を持って来た人に販売していました。

その頃、最初は、「飲食店」は認められていませんでした。ところが、その「抜け道」が考えられました。

「お客が腹がへっているものだから、ここですぐに食べたいというもんで……」

店側は椅子とテーブルを用意し、汁も（これは配給ではないので、有料で）すぐに掛けて食べさせました。そのうち「具」も乗せるようになりました。

そうしているうちに、「委託加工」から「麺類外食券食堂」になり、「外食券食堂」で米のご飯も食べられはしましたが流通が少なかったので、外でお腹をくちく（腹いっぱい）できるものは「麺類店」だけといってよかった状態でしたから、（高いお金を出せばヤミ市には何でもありました）そば屋は大変な繁盛でした。

この頃、蕎麦は他県に移送することは禁じられ、生産地でなら消費してもよいことになっており、しかも統制品ではなかったので、大っぴらには売れないものの、小麦粉を混ぜない（なぜなら小麦粉は米と同じ統制品だったからです）「生蕎麦」なら売れないことはないのですが、「営業許可」などはもらえるはずはありませんでした。ですから、「ヤミ」の世界で、ほそぼそながら「木鉢」で揉んでつづいておりました。

農家は、米以外の雑穀を地元に売ることはできました。配給品以外の小麦粉も自県内で消費するのには取り締まりはおだやかでした。なにしろ、取り締まりはもっぱら「ヤミ列車」に乗っている大き

「外食券」……第二次世界大戦後の物資が不自由な時代に、外食する場合でも「配給」の範囲でしか食べられなかった。そこで、「外食券」をもらって、それで「外食券食堂」でその券を渡して食事した。店舗の方も、それを集めて材料の配給を受けた。

「ヤミ列車」……配給品以外の物資を「ヤミ取引」といい、トラックなどの大口以外は「かつぎ屋」という商人が自分で担いで商売したが、その連中が良く利用する列車を「ヤミ列車」と呼んだ。

なリュックサックを背負っている人が対象でしたから。

ですから、うどんは今日の「名産地」でだけ「地粉」のうどんが食べられましたが、大都会では「メリケンうどん」ばかりだったのです。

そのうち、配給も無くなり、国民のお腹もいっぱいになり、各地へ遊山旅行もできるようになると、行った先で「名物」を食べるのも楽しみの一つでした。

そうして、うどんは「讃岐」が有名になりました。讃岐では、その頃まで、うどんは「製麺屋」で食べるものでした。これは、終戦直後の東京などと同じです。なにしろ、茹でるそばから食べるし、原料の小麦粉は讃岐の「シロガネ小麦」ですから、「メリケンうどん」の、それも配給時には目方で量られましたので水分の多い「ぶよぶよ」のうどんを食べつけていた都会人にはこたえられません。

そこで、あっという間に「さぬきうどん」と銘打ったうどん店が大都会に進出しました。

ところが、そこに「落とし穴」がありました。

肝心の「日本産小麦」の生産が著しく低下していて、「うどん粉」が手に入らなくなっていたのです。昭和四十年には一三〇万トン近

「メリケンうどん」……「アメリカン」が日本人の耳には「メリケン」と聞こえたので、「メリケン粉」になり、その小麦粉でこしらえたうどん。「アリガトウゴザマシタ」と「イ」が抜けるようなもの。

「シロガネ小麦」……昔の小麦の品種。作付け小麦の品種は六十以上もあり、各県で、推奨銘柄をあげていたが、そのうち四国ではこの品種が多く、対岸の中国地方では「シラサギ小麦」、関東では「農林六一号」などが有名である。北海道では、「ホロシリ小麦」というものもあったが、それぞれの地方の気候に合った品種である。米の「ササニシキ」のようなもので、流行もあり、蕎麦では、現在は「キタワセ」などが多い。

くあった内地産小麦が、わずか七年後には二八万トンになったのに、この年、東京に三百軒の「さぬきうどん」店が出来たのです。

小麦の生産はその翌年にはさらに低下し二十万トンそこそこになり、それから二十年ほどそうした生産高が続きました。本場の讃岐でさえ生産量は二割以下になり、昭和五十年から「契約栽培」がおこなわれたほどでした。

そして、その頃にはまだ、「どんな小麦粉がうどんに良いか」は、大手小麦製粉会社でさえ分かっていなかったのです。

ですから、東京ばかりでなく、各地のうどんは配給と同じ強力系小麦粉を使い、「技術と製法」だけは地元の秘伝のままにうどんをこしらえたので、「うどんの食感」はいくら讃岐のうどん好きが「うどんは噛んで食べるものではない、ノドへ吸い込ませるものだ」と言っても、材料の性質が違うのに、こしらえる方は「親に教えられた通り」にこしらえてしまうので、どうしても「歯ごたえのある」うどんになり、そこへまた「アル・デンテ」も流行ったものですから、本当のうどんが分からなくなったのは当然といえます。

その後、製粉会社でも研究が進み、「うどんに合った」小麦調整品も発売され、うどんの茹で伸びや食感の劣化を抑える研究も進んだ

「契約栽培」……蕎麦を植えると畑が荒れるというので、なかなか拵えてくれなかった時代に、引き取りを条件に栽培をしてもらって買い取る方法。

結果、スーパーで売っている麺製品も格段とおいしくなっているのです。

そのほか、小麦の生産県でも「地おこし」も兼ねて、「ダイチノミノリ」とか、その他のうどんに合った小麦を農林試験場で開発し、生産するようになりました。

こうした「地粉」が手に入ったら、ご自分でうどんを打って、「なるほど、本来のうどんとはこういうものか」と納得されるのも面白いでしょう。

このようになったのも、うどんがあまりにも融通が利きすぎたせいでしょう。その点、小麦が最初は産地を選ばず使ってもあまり気づかれなかったのに対し、蕎麦の方は歴然と材料の良し悪しが分かり、外国産ですと色も悪いしつながらず、小麦粉をたくさん混入しないとそばにならなかったので、食べ物に贅沢をいうようになると、いろいろやかましいことを言われるようになったのでしょう。

これは、蕎麦がうどんに比べて融通が利かないからで、むしろ、「へんくつ」ともいえる食べ物であったせいでしょう。

「ダイチノミノリ」……小麦の新しい品種の一つ。各県で、「村おこし」に蕎麦やうどんを利用するのに、おいしい原料の開発が農林試験所で盛んである。

融通が利かない蕎麦

蕎麦がいろいろと「こだわれる」のは、逆にいえば世間が狭いせいでしょう。「木を見て森を見ず」でも、「群盲象を撫で」ても、みな嘘ではないのも、範囲が限られているからでしょう。

戦前から、日本の蕎麦は中国大陸からも輸入されていました。しかも、その蕎麦は、日本の九州産より優れていました。カナダやアメリカでも取れましたが、最初は思ったような蕎麦ではありませんでした。日本から種子を送っても、一年目は大丈夫なのですが、二年目以降になると、地物になってしまうのです。

カナダの試験所の方が、「日本ではどのような蕎麦を好まれるのですか」と質問され、そば屋の代表が現地へ行って「蕎麦を打って」見せたこともありました。そうしたら何年か後には、「カナダ・マンカン」という優れた蕎麦ができるようになりました。

蕎麦は長くつながるような粉でなければ、そば屋では使い物にならないのです。

「カナダ・マンカン」……「マンカン」は蕎麦の品種の一つで、それをカナダで栽培、改良した品種。

その「長くつなげる技術」は、日本独特といってよいものです。いや、江戸独特というべきかもしれません。蕎麦自体は、「蕎麦が自慢の国は土地が痩せている」といわれるように、全国にありました。しかし、それは多くは「泥鰌そば」と江戸っ子がいうような、真っ黒い、太くて短いそばで、噛み締めて食べるそばでした。

江戸のような、細くて、色が薄く、しなやかなで「たぐり込める」そばを作られるようになったのは、一つには「きれいな蕎麦粉」をとる技術が需要の高まりとともに江戸で開発されたことと、そばを作るための、現在でも「木鉢」というだけで「蕎麦を揉む」ということが分かる、繊細な加工方法が完成したからです。

「木鉢が悪い」といわれたら、道具が悪いのではなく、腕が悪いことになります。その「木鉢の技術」とは、「水回し」、「寄せ」、「くくり」、「ツラ出し」、「出っちり」までのことで、中でも一番難しいのは「水回し」です。

そして、これればかりは簡単には覚えられません。そばを作ることわざに、「**木鉢三年、伸し三月、包丁三日**」というのがあり、時には「木鉢一生」ともいわれます。

切るのは三日で覚えられ、伸しは三月もやれば一人前になるが、木鉢でそばをこねることは少なくとも三年修行しなければものにならず、その上、一生、研鑽しなくてはならない、いわば大変な技術であったのです。

と、あまり脅かすと、そばを作る人はいないはずですが、多くの素人衆が成功しているのは、早くいえば「原料の蕎麦」の品質が一定になり、年間を通して加工しやすい蕎麦粉が出まわっているせいともいえます。

毎年秋になると「新蕎麦」の広告がでますが、最近の蕎麦は一年中新蕎麦のようなもので、昔は、そんな粉はまず手に入りませんから、新蕎麦が出回る半年以上も前から、板前は技術の粋をつくして「長い蕎麦」をこしらえないと商売にならないので難しかったのです。

ですから、今は「水回し」の手順さえ間違わなければ、かなりのそばが出来ます。粉によって加水、こね加減を変える必要はないとはいえませんが、三年もかからないで出来るようになります。「水ではつながらない」蕎麦粉でしたら、『蕎麦全書』の時代には現在のような良い蕎麦粉はなかったのですから、その頃のやり方でこしらえればよいのです。『蕎麦全書』の著者の「友蕎子」も素人さんであったそ

「新蕎麦」……十月末から東京に出回りはじめ、それまで、暑さや湿気で傷められていた蕎麦が、一度に新鮮になるので珍重されたが、現在では、宣伝の割に変化は無い。

うです。

むしろ、「くくり」や「ツラ出し」に時間を取られて乾燥させてしまう方が心配なので、まず小麦粉で「木鉢」のうちの「くくり」以下を練習しておく方がよいというわけです。

ついでに、「伸し」も、「包丁」もうどんで練習しておいて、最後に、「水回し」と「寄せ」を、これは小麦粉ではできませんから、本番の蕎麦でやってみようというのです。

くれぐれも、小麦粉で「くくり」「ツラ出し」「出っ尻」「丸出し」「角出し」「伸し」「畳み」「包丁」までを練習し、「うどんならまかせなさい」といえるくらいに練習しておいてください。

そうすれば、「生蕎麦」も割合簡単に長くこしらえられるでしょう。

●あとがき

うどんは、蕎麦にくらべて「味」は無いといえます。甘味はありますが、ほとんど、「口の感触」でおいしい、まずいが決まります。

これは、「お米のご飯」と共通しているといえるでしょう。つまり、「主食」なのです。

毎日、毎回食べるものですから、「くどい味」がしては飽きてしまい、「味がしないでおいしい」ものでないと、嫌われます。

世界の主食は、やはり、小麦、米が主体で、あとは芋澱粉とか、とうもろこしといったところで、「澱粉」なのです。小麦を主食にする国は、たいていのところはパンにします。中国の「まんとう」もパンといっても良いでしょう。「うどん」風の小麦粉製品は、どちらかといえば「従」です。

米はほとんど粒のまま「水煮」にされます。固いのや粥状です。とうもろこしは、パン状と粥状です。

そして、「主食」はほとんどの場合、それだけで食事にはならず、

「おかず」がつきます。

　これは、早くいえば、それだけでは身体を維持するのには不完全だからです。ビタミン、ミネラルだけではなく、「蛋白価」という、澱粉の持つ「価値」があり、価値が一番高いのは米で、米はたくさん、「一升メシ」を食べればそれだけで蛋白質はおぎなえるのですが、小麦は、肉を食べないと欠陥食品なのです。

　さて、「お蕎麦」は、米よりさらに「完全に近い」蛋白価をしているのです。それも、たくさん食べなくても良いので、昔から、「蕎麦を食べると力が出る」といわれているのです。

◆著者略歴

藤村和夫（ふじむら　かずお）

昭和５年、東京・有楽町生まれ。蕎麦づくりの技術に関する豊富な知識とユニークな語りには定評がある。主な著書に『そばの技術』（食品出版社）、『基礎　うどんの技術』（柴田書店）、『だしの本』『蕎麦つゆ江戸の味』『麺類杜氏職必携』『改訂版・そば屋の旦那衆むかし語り』『蕎麦なぜなぜ草紙』（ともに小社刊）などがある。

図解・旨い！手打ちうどんに挑戦

平成12年５月17日　第１刷発行
平成15年６月24日　第２刷発行

著　者　藤村和夫
発行者　日高裕明

定価はカバーに表示してあります

発　行　株式会社ハート出版
東京都豊島区池袋３－９－23
〒171-0014
TEL.03(3590)6077 FAX.03(3590)6078

ISBN4-89295-161-7 C2077

印刷・製本　中央精版印刷株式会社